ミラクルラブリー♥

感《かん》動《どう》のどうぶつ物《もの》語《がたり》

希《き》望《ぼう》の光《ひかり》

編著♥青空　純

西東社

ミラクルラブリー♡

どうぶつ写真館《しゃしんかん》

大《だい》好《す》きなキミへ

読者《どくしゃ》のみんなから大好《だいす》きなペットたちの写真《しゃしん》が届《とど》いたよ。
（みんなも最後《さいご》のページの左側《ひだりがわ》を見《み》て、お気《き》に入《い》りのどうぶつ写真《しゃしん》を送《おく》ってね。）

今日《きょう》も明日《あした》も

その先《さき》も

キミといっしょに
歩《ある》いていく――

出会《であ》った瞬間《しゅんかん》
ぼくの世界《せかい》は
輝《かがや》き出《だ》した

キミと仲《なか》よく
なりたくて

キミをもっと
知《し》りたいと思《おも》った

ぼくは
キミを見《み》る

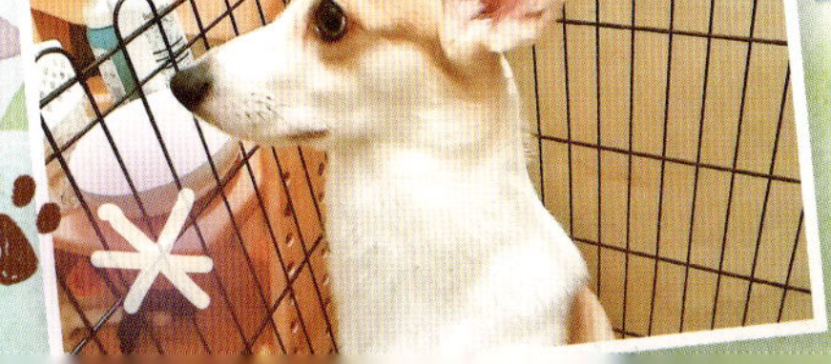

キミの瞳《ひとみ》には
ぼくが
うつっている

永遠《えいえん》の愛《あい》を
誓《ちか》うよ

真剣《しんけん》！
ずっといっしょ♡
キミはぼくの光《ひかり》——
スヤスヤ

もくじ

《おことわり》
ペットが迷子《まいご》になってしまった、または保護《ほご》した場合《ばあい》には、最寄《もよ》りの警察署《けいさつしょ》・保健所《ほけんしょ》・動物愛護《どうぶつあいご》センターなどに届《とど》け出《で》が必要《ひつよう》です。

第《だい》1章《しょう》

キミを想《おも》う

どうぶつと人《ひと》──
両者《りょうしゃ》の想《おも》いがかさなるとき、
大《おお》きな力《ちから》が生《う》まれる…。
愛《あい》するキミとのハートフルストーリー。

第《だい》1話《わ》

命《いのち》の現《げん》場《ば》

アルバイト先《さき》のペットショップで
運命《うんめい》の再会《さいかい》。止《と》まっていた時計《とけい》が動《うご》き出《だ》す…。

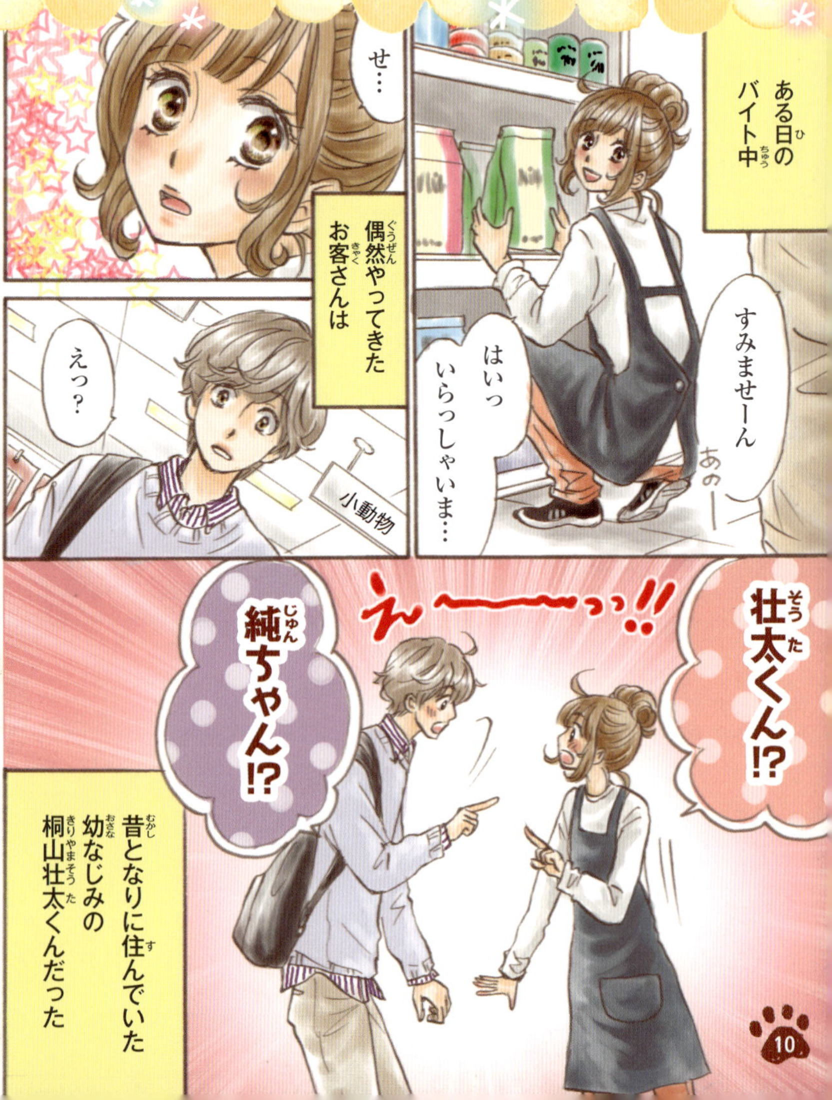

うそーっっ
なんでいるの!?
中学入学《ちゅうがくにゅうがく》のとき
お父《とう》さんの転勤《てんきん》で
アメリカに…
「どうぶつ大好《だいす》き」が共通点《きょうつうてん》だった3歳下《さいした》の彼《かれ》とわたしはとても仲《なか》よしだった
友《とも》だちの間《あいだ》では「どうぶつ博士《はかせ》」って呼《よ》ばれていた壮太《そうた》くん
にひっ
帰《かえ》ってきたんだよ
日本《にほん》の大学《だいがく》に入《はい》ったから春《はる》からひとり暮《ぐ》らししてるんだ
そーなんだ!
シェルも
よくなついてたなあ——…
それで今日《きょう》はなんでここに?
あっ そうそう
犬《いぬ》を
飼《か》うことになったんだ

友《とも》だちの家《いえ》に子犬《こいぬ》が生《う》まれるからもらうことになってさ
このコがお母《かあ》さん犬《いぬ》
かわいーだろ♡
トイプードル！
壮太《そうた》くんっぽい！
だったらわたし協力《きょうりょく》するよ！なんでも聞《き》いてっ
まずは寝床《ねどこ》から選《えら》ぼう♡
こっちこっち
あっうんっ
大学《だいがく》は獣医学部《じゅういがくぶ》に通《かよ》ってると聞《き》いて
ますますうれしくなった
ベッドコーナー
んーどういうのがいいんだろ
いろいろあって悩《なや》むなあ…
このベッドはどう？
ふかふかでコロロも大《だい》のお気《き》に入《い》りなの♡

※『感動《かんどう》のどうぶつ物語《ものがたり》　運命《うんめい》とキズナ』を見《み》てね

みてほら
純《じゅん》ちゃんが
イケメンと
はっ
彼氏《かれし》かな
ずいぶん
仲《なか》よさそう
ひそ
ひそ
ひそ
いや
でも
純《じゅん》ちゃんは
ほら…
かあっ
?
じっじゃあ
わたしっ
これから
品出《しなだ》し
手伝《てつだ》わなきゃ
だからっ
くるっ
またっ!!
えっ
あ…そうなんだ
がんばって
あいかわらず
マイペースだな
純《じゅん》ちゃん
あっ
そうだ
壮太《そうた》くんっ
明日《あした》わたし
バイト休《やす》みで
コロロをドッグランに
連《つ》れて行《い》こうと思《おも》って
るんだけど…
ひまなら
いっしょに行《い》かない？
ん？

コロロ
紹介《しょうかい》したいのっ
あとでメールするねー♪
あはっ
ほんっとマイペース！
――翌日《よくじつ》――
壮太《そうた》くーん！
※『感動《かんどう》のどうぶつ物語《ものがたり》 命《いのち》の輝《かがや》き』を見《み》てね
パタ
おまたせー
パタ
パタ
このコがコロロ
※移動《いどう》どうぶつ園《えん》のお手伝《てつだ》いをしたことがあって
その会場《かいじょう》に捨《す》てられてた子犬《こいぬ》だったの
そうなんだ…

保護犬《ほごけん》…
純《じゅん》ちゃんらしいな…
ニカ
はじめまして ぼくは壮太《そうた》
よろしくね コロロ
コロロと壮太《そうた》くんは一瞬《いっしゅん》で仲《なか》よくなった
よーし もう友だちだっ♪
あははは
こんにちはー
ドッグラン・トリミング wan²Plus
WanWan+
犬《いぬ》1頭《とう》と大人《おとな》2人《ふたり》お願《ねが》いしまーす

あっ コロロママ
今日《きょう》テラスで無料《むりょう》健康診断《けんこうしんだん》のイベントやってるんですよ
へぇ!
よかったらのぞいていってくださいねー
イベント?
ときどきやってるんだよここ わんこ運動会《うんどうかい》とか無料《むりょう》しつけ相談《そうだん》とか
健康診断《けんこうしんだん》ならコロロも診《み》てもらっ…
え…
はい ツブちゃんどこも問題《もんだい》なしですよ!
わーよかったなーツブー♡
獣医さんの
無料健
立花先生《たちばなせんせい》!?
大好《だいす》きなりんごは食《た》べすぎるとおなかがゆるくなったりするので与《あた》える量《りょう》には気《き》をつけてくださいね
おみやげのボールペン…
※『感動《かんどう》のどうぶつ物語《ものがたり》 キセキの扉《とびら》』を見《み》てね

ダッ
あっ
ん？
わあっ
ぴょーん！
コロロ!?
おいおい なめすぎだ コロロ
——と いうことは
こ…
こんにちは…
たまたま 遊《あそ》びに来《き》て…
——……
えっ…と
……彼氏《かれし》？
ちがっ
おっ 幼《おさな》なじみなんですっ
先日《せんじつ》バイト先《さき》で再会《さいかい》してっ…

桐山壮太《きりやまそうた》といいます
獣医学生《じゅういがくせい》です
へへっ
近々《ちかぢか》はじめて犬《いぬ》を飼《か》うことになったので下見《したみ》もかねて純《じゅん》ちゃんに連《つ》れてきてもらいました
「純《じゅん》ちゃん」…
立花《たちばな》どうぶつ病院《びょういん》の立花《たちばな》です
コロロの主治医《しゅじい》です
スッ
スタ
スタ
スタ
よろしく
ども…
ギュッ
へんな空気。
???
にこ
にこ
にこ
えっと…

すみませーん いいですかー？
ぱっ
あっ はいっ
どうぞ
先生《せんせい》忙《いそが》しそうだから ラン入《はい》ろうか
コロロは いいの？
健診
うん
立花先生《たちばなせんせい》なら 病院《びょういん》でやって もらえるから
ちら
幼《おさな》なじみ
か……
その数日後《すうじつご》 壮太《そうた》くんの お友《とも》だちの犬《いぬ》の お産《さん》が始《はじ》まり
わたしも 立《た》ち会《あ》わせて もらえることに なりました
ピピッ
37.2℃
体温《たいおん》が下《さ》がった そろそろ 始《はじ》まるかも

熱《ねつ》が38度台《どだい》から一気《いっき》に下《さ》がるとお産《さん》の合図《あいず》なんだよ
クゥーーン
あとほら さっきから落《お》ち着《つ》きなく うろうろしてるだろ…？
ワォーーン
ドキ
ドキ
ドキ
サラ！
でも おかしいな…
もう生《う》まれてもいいころなんだけど――…
ハッ
ハッ
ハッ
チッ
チッ
チッ
生《う》まれる気配《けはい》がないね…
それどころか寝《ね》ちゃいそう…
サラ… 大丈夫《だいじょうぶ》か？

体温《たいおん》が下《さ》がってから 時間《じかん》がたちすぎると 危険《きけん》だな…
かかりつけの 獣医《じゅうい》さんに連絡《れんらく》 してみたほうが いいかも
えっ 今日《きょう》休診日《きゅうしんび》なんだよ! どっどうしよう
ほんとにヤバいの!? 壮太《そうた》っ
壮太《そうた》くん
立花先生《たちばなせんせい》にっ…
プルルルッ
はい 立花《たちばな》どうぶつ病院《びょういん》…
立花どうぶつ病院
──青空《あおぞら》さん?
先生《せんせい》! あのっ 今壮太《いまそうた》くんが もらう予定《よてい》の子犬《こいぬ》の お産《さん》に立《た》ち会《あ》ってて
でもなかなか 生《う》まれて こなくて…っ

…青空《あおぞら》さん スピーカー通話《つうわ》に 切《き》りかえてくれる？
あっ はいっ
ピッ
桐山《きりやま》くん そこに いるね？
はっ
はい！
このまま話《はな》すから 必要《ひつよう》があれば 作業《さぎょう》しながら聞《き》いて
体温《たいおん》が下《さ》がり はじめたのは？
12時《じ》 ごろです
今《いま》の様子《ようす》は？ 破水《はすい》はしてる？
え えっと
破水《はすい》は していません
今《いま》は産箱《さんばこ》で 眠《ねむ》そうに しています

じゃあ これから 陣痛《じんつう》がくるか 陣痛《じんつう》が弱《よわ》くて 自分《じぶん》の力《ちから》で 生《う》めないかだな
体温《たいおん》が下《さ》がった 時間《じかん》を考《かんが》えると もう少《すこ》し様子《ようす》をみて 大丈夫《だいじょうぶ》だが それでも 生《う》まれなければ
帝王切開《ていおうせっかい》も 考《かんが》えなくては ならない
そうなれば 母体《ぼたい》にも子犬《こいぬ》にも リスクがともなう
お産《さん》は 命《いのち》がけだよ
また 連絡《れんらく》して
どんな小《ちい》さな 変化《へんか》も 見逃《みのが》さないで
…はいっ

チッ
チッ
サラ…
寒《さむ》くないか？
純《じゅん》ちゃんはもう帰《かえ》りな
遅《おそ》くなるよ
チッ
大丈夫《だいじょうぶ》
わたしもいっしょにいる
人手《ひとで》はあったほうがいいでしょ？
お産《さん》は命《いのち》がけだよ
どんな小《ちい》さな変化《へんか》も見逃《みのが》さないで
コク…

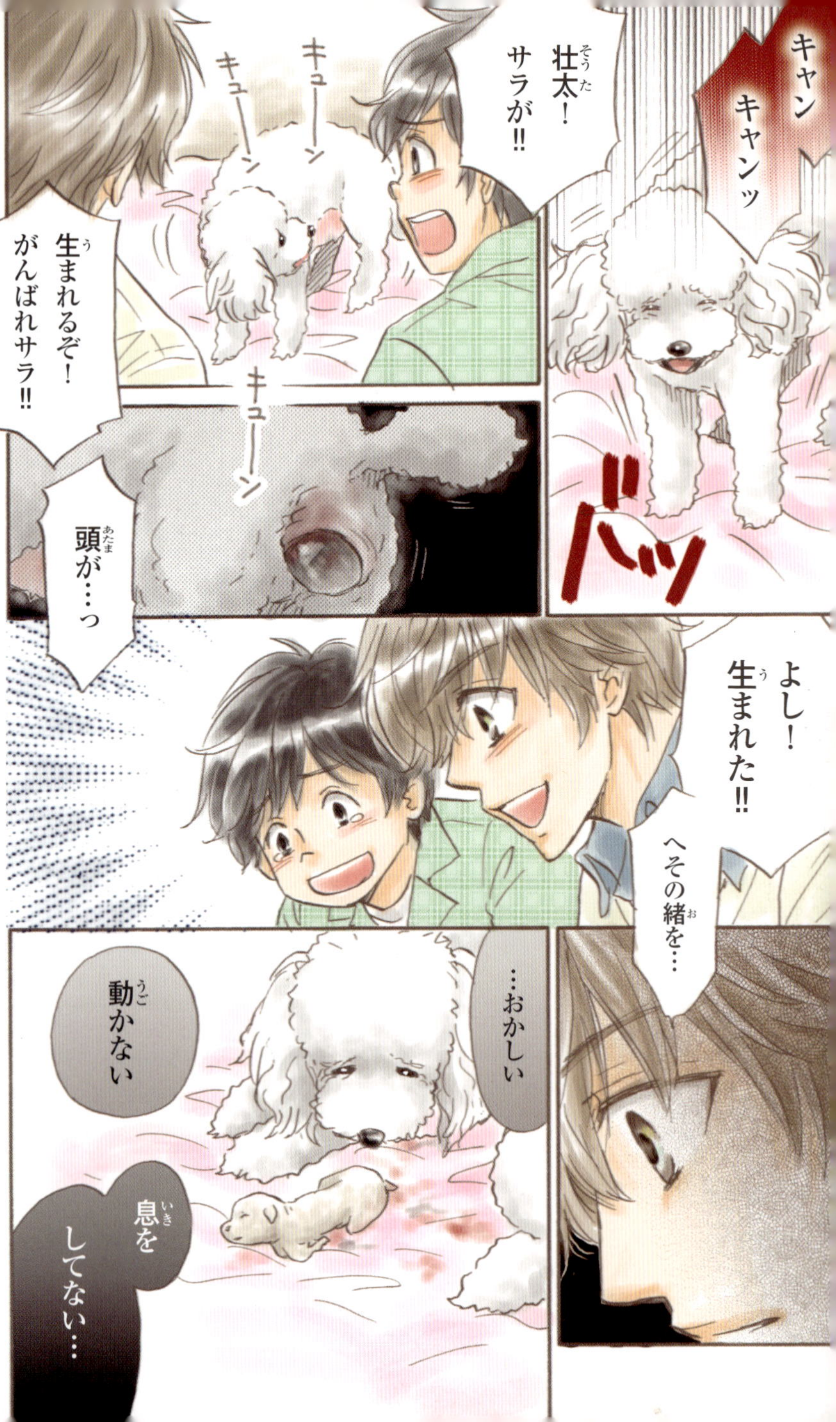
キャン
キャンッ
バッ
壮太《そうた》！
サラが!!
キューーン
キューーン
生《う》まれるぞ！
がんばれサラ!!
キューーン
頭《あたま》が…っ
よし！
生《う》まれた!!
へその緒《お》を…
…おかしい
動《うご》かない
息《いき》を
してない…

とっとにかくへその緒《お》を切《き》るよ！
純《じゅん》ちゃんは先生《せんせい》に電話《でんわ》して!!
うん!!
トゥルッ
トゥルル
立花どうぶつ病
ピッ
桐山《きりやま》くん!? 生《う》まれたのか？
先生《せんせい》!!
1匹目《びきめ》が生《う》まれました
でも 息《いき》をしてません!!
仮死状態《かしじょうたい》——……
いいか よく聞《き》いて ぼくの言《い》うとおり 処置《しょち》して！
一刻《いっこく》を あらそうぞ！
はい…!!

まずは子犬《こいぬ》の背中《せなか》をタオルで擦《こす》ってみて
ゴシゴシ
ゴシ
ゴシ
だっ
だめですっ呼吸《こきゅう》しません
羊水《ようすい》が気道《きどう》につまってるな
荒療治《あらりょうじ》になるぞ
頭部《とうぶ》が指先《ゆびさき》にくるように両手《りょうて》で包《つつ》みこんでしっかり持《も》つ！
はいっ
腕《うで》を伸《の》ばして上《うえ》から下《した》にむけてふりおろす！
ドキン…
…え？
ふ…ふるんですか？
遠心力《えんしんりょく》で羊水《ようすい》を出《だ》して呼吸《こきゅう》できるようにするんだ
ドキン
でも…
ドキン
ドキン
ドキン
ビビってるひまはない!!助《たす》けるんだろっ!?
壮太《そうた》くんっ
たのむ壮太《そうた》!!
ドキン…
…でも
ドキン…
獣医《じゅうい》になるんだろっ桐山《きりやま》!!
はっ

勇気《ゆうき》を出《だ》せ!!
そうだ
ぼくが
助《たす》けるんだ…!!
ブーンッ
ブブッ…
キュッ…
キューッ
キューッ
キューッ

先生《せんせい》!! 鳴《な》いた!
キュー
キュー
呼吸《こきゅう》したー!!
わあああ
キュー
キュー
…よくやった
ほっとしてる場合《ばあい》じゃないぞ!
青空《あおぞら》さん すぐ体重《たいじゅう》をはかって メモして! きれいにふいて 母犬《ははいぬ》に返《かえ》す!
はっ はいっ
桐山《きりやま》くんと 飼《か》い主《ぬし》さんは 2匹目《ひきめ》の 準備《じゅんび》!
すぐに つぎの陣痛《じんつう》が くるぞ!!
はい!!

あとの2匹《ひき》は正常《せいじょう》に生《う》まれて
すべてのお産《さん》が終《お》わったころには朝《あさ》になっていた
よかったね みんなぶじで生《う》まれてきて
だけど
——すごいね 命《いのち》って
真剣勝負《しんけんしょうぶ》で命《いのち》の現場《げんば》に立《た》ち会《あ》ったわたしたちは
疲《つか》れより感動《かんどう》でいっぱいでした
かわいい…
…うん

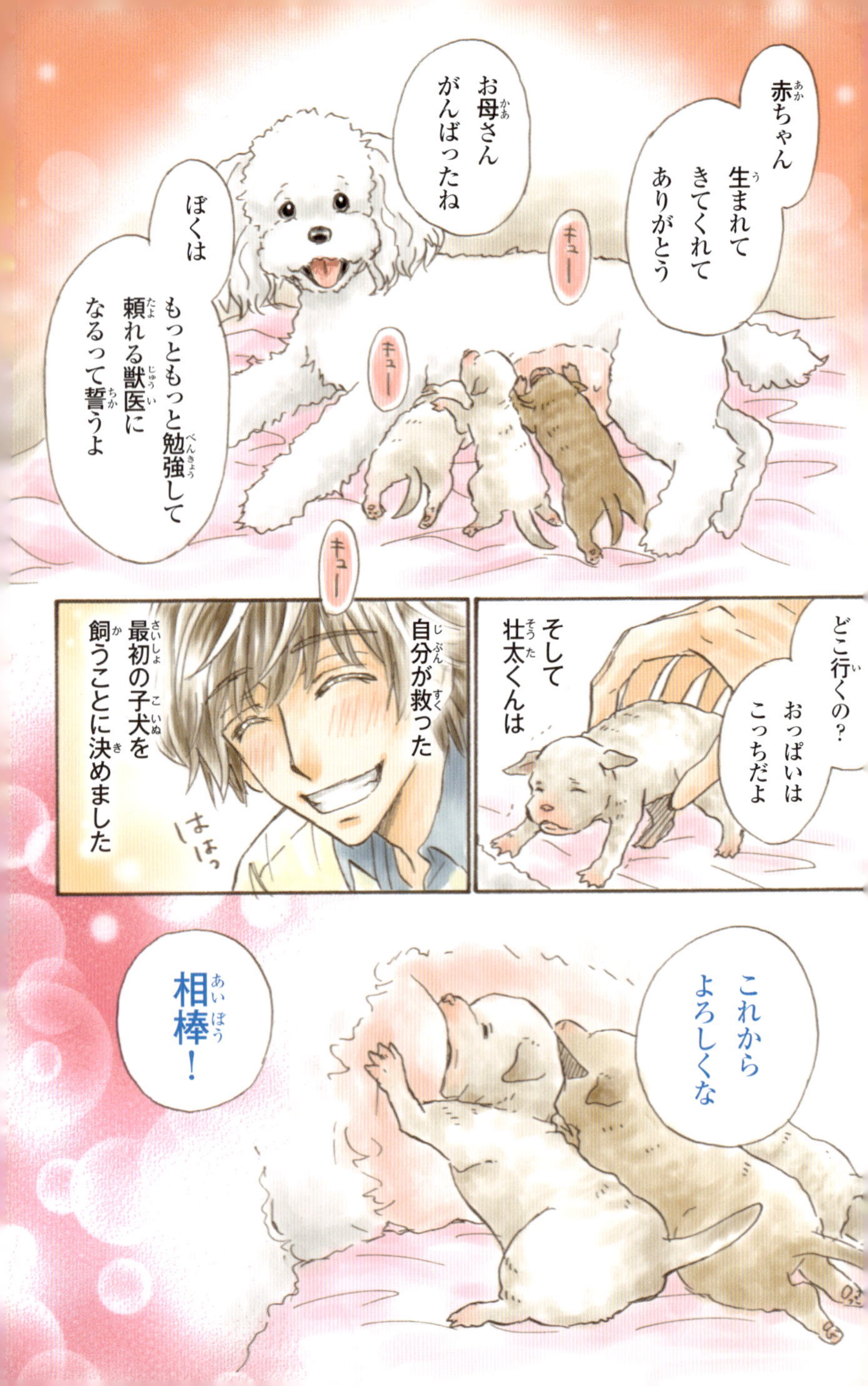
赤《あか》ちゃん生《う》まれてきてくれてありがとう
キュー
お母《かあ》さんがんばったね
キュー
ぼくはもっともっと勉強《べんきょう》して頼《たよ》れる獣医《じゅうい》になるって誓《ちか》うよ
キュー
どこ行《い》くの？おっぱいはこっちだよ
そして壮太《そうた》くんは
自分《じぶん》が救《すく》った最初《さいしょ》の子犬《こいぬ》を飼《か》うことに決《き》めました
ははっ
これからよろしくな
相棒《あいぼう》！

第《だい》2話《わ》

ふたつの命《いのち》

キミを想《おも》う

5年《ねん》1組《くみ》の仲間《なかま》としてむかえることになったハムスター。

「命《いのち》」を飼《か》うってどういうことなんだろう――。

今日《きょう》はみんなの「ハムスターを飼《か》いたい」という希望《きぼう》について
責任《せきにん》をもって飼《か》うことができるのか真剣《しんけん》に考《かんが》えてもらおうと思《おも》います
橋本《はしもと》 凛《りん》（小学《しょうがく》5年生《ねんせい》）
6年生《ねんせい》の家《いえ》にハムスターの赤《あか》ちゃんが生《う》まれ「飼《か》い主《ぬし》を探《さが》している」という情報《じょうほう》がクラスに広《ひろ》まった
小《ちい》さくても立派《りっぱ》な命《いのち》ですしっかり話《はな》し合《あ》ってください
「クラスで飼《か》いたい！」という声《こえ》が多《おお》く上《あ》がりこの話《はな》し合《あ》いが開《ひら》かれた

ざわ
ざわ
まず ハムスターを 5年《ねん》1組《くみ》で 飼《か》うことに 賛成《さんせい》の人《ひと》
たのしそう～
でもさ…
賛成《さんせい》20人《にん》 反対《はんたい》5人《にん》ですね 反対《はんたい》の人《ひと》の意見《いけん》を 聞《き》かせてください
どうやって飼《か》うか みんなわかってる？ エサとかトイレとか わたしはわからない から不安《ふあん》
深川《ふかがわ》 葉月《はづき》
図書室《としょしつ》に 飼《か》い方《かた》の本《ほん》が あったから みんなで勉強《べんきょう》 しようよ！
ガタ、
飼育道具《しいくどうぐ》は どうそろえるの？
うちの親《おや》が 昔《むかし》飼《か》ってて たしか家《いえ》に使《つか》って ないのがあるよ
エサやりやそうじは だれがするの？
生《い》きもの係《がかり》を 決《き》めるとか？
ざわ
ざわ
それじゃあ みんなで飼《か》うことに ならないじゃん！

日直《にっちょく》の当番《とうばん》にするのはどう?
それいいね!
あの…休《やす》みの日《ひ》はどうするの?
しん…
できる人《ひと》が移動式《いどうしき》のケージで家《いえ》に連《つ》れて帰《かえ》ってお世話《せわ》するのはどうかな…
おぉーっ
——では最後《さいご》にもう一度《いちど》確認《かくにん》します

ハムスターを飼《か》うことに賛成《さんせい》の人《ひと》
はーい
全員賛成《ぜんいんさんせい》ですね
わたしは生《い》きものが大好《だいす》きではじめは反対《はんたい》だった
好《す》きだからこそ軽《かる》い気持《きも》ちで飼《か》いたいなんて言《い》えなかった
みんなの気持《きも》ちはわかりました校長先生《こうちょうせんせい》にお願《ねが》いしてみます
生《い》きものはおもちゃや人形《にんぎょう》じゃないから…
やったね!みんないつになく真剣《しんけん》だったよね
うん楽《たの》しみだなあ!

ケージはここにおこう♪
おー♪
ハムスターのかいかた
たのしみー
もうすぐだね!!
——数日後《すうじつご》
開《あ》けるよ〜!
わあっ
2匹《ひき》のハムスターが教室《きょうしつ》にやってきました
名前《なまえ》は「ハム」と「スター」に決定《けってい》!
ハム・スター・イビ
ハム スター これからよろしくね!

つぎ、だっこさせてー!
じゅんばんだよーっ
ハムとスターが
来《き》てから
1組《くみ》はますます
にぎやかになった
最初《さいしょ》に決《き》めた通《とお》り
みんなで役割分担《やくわりぶんたん》して
観察日誌《かんさつにっし》をつけ
わからない
ことがあれば
図書室《としょしつ》の本《ほん》で
勉強《べんきょう》
あっ
葉月《はづき》!
見《み》てみてっ
何《なに》?
2匹《ひき》とも
おなかを見《み》せて
寝《ね》てるよ

たしか安心《あんしん》してるときはおなかを見《み》せて寝《ね》るんだよね
2匹《ひき》ともすっかり1組《くみ》の一員《いちいん》になったんだね
しかし——
ハムとスターがいることが少《すこ》しずつあたりまえの日常《にちじょう》になっていき……
ちょっと藤田《ふじた》！日直《にっちょく》でしょ！エサやりは!?
ワリー！やっといてー
そんなある日《ひ》

スターが急死《きゅうし》した
かわいそう…
なんで死《し》んじゃったの？
朝《あさ》教室《きょうしつ》に行《い》くと
すでにスターは冷《つめ》たく動《うご》かなくなっていた
ま…まあ そんなに泣《な》くなよ
そうだよ ハムがいるじゃん！
そーだよ 仕方《しかた》な…

ハムはハム
スターはスターだよ！
…ごめん
教室《きょうしつ》に戻《もど》ってみんなで話《はなし》をしましょう
スターは昨日《きのう》まで元気《げんき》だったわね
はい…回《まわ》し車《ぐるま》で走《はし》っていました
命ってなんだろ
スターはハムよりのんびり屋《や》さんで寝顔《ねがお》がすごくかわいかった…
死《し》んじゃうなんて思《おも》ってなくて昨日《きのう》なでてあげられなかった

具合《ぐあい》が悪《わる》かったのかな…気《き》づいてあげられなかった…
あまりにも突然《とつぜん》で先生《せんせい》もすごく悲《かな》しいわ
気《き》づいてあげられてたらできることがあったんじゃないか…いろいろ考《かんが》えてしまうわね
ハムにも…いつかお別《わか》れする日《ひ》がやってきますよね
そのときに後悔《こうかい》しないように
一瞬一瞬《いっしゅんいっしゅん》を大事《だいじ》に向《む》き合《あ》っていくことが大切《たいせつ》だと……思《おも》いました…

それからわたしたちは
よりいっそうハムを大切《たいせつ》にした
6年生《ねんせい》はクラス替《が》えはなくて
ハムもいっしょに進級《しんきゅう》
図工《ずこう》の時間《じかん》
みんなで作《つく》った
ハムの回《まわ》し車《ぐるま》
興奮《こうふん》したハムは
超高速《ちょうこうそく》で回《まわ》ってた
班《はん》ごとに
週間《しゅうかん》で発行《はっこう》する
ハム壁新聞《かべしんぶん》
3班
ざわ
ほかの学年《がくねん》の人《ひと》も
楽《たの》しみにしてくれた
ざわ
オレたちが
卒業《そつぎょう》したらさ…

ハムはどうするんだろう…
つぎの6年《ねん》1組《くみ》に飼《か》ってもらうとか？
島津先生《しまづせんせい》のつぎのクラスで飼《か》うとか…
自分《じぶん》たちで飼《か》った命《いのち》だもん
最後《さいご》まで自分《じぶん》たちで責任《せきにん》をもつべきだよね
あっ
あの
凛《りん》？
よければわたしが家《いえ》でハムを飼《か》いたい…

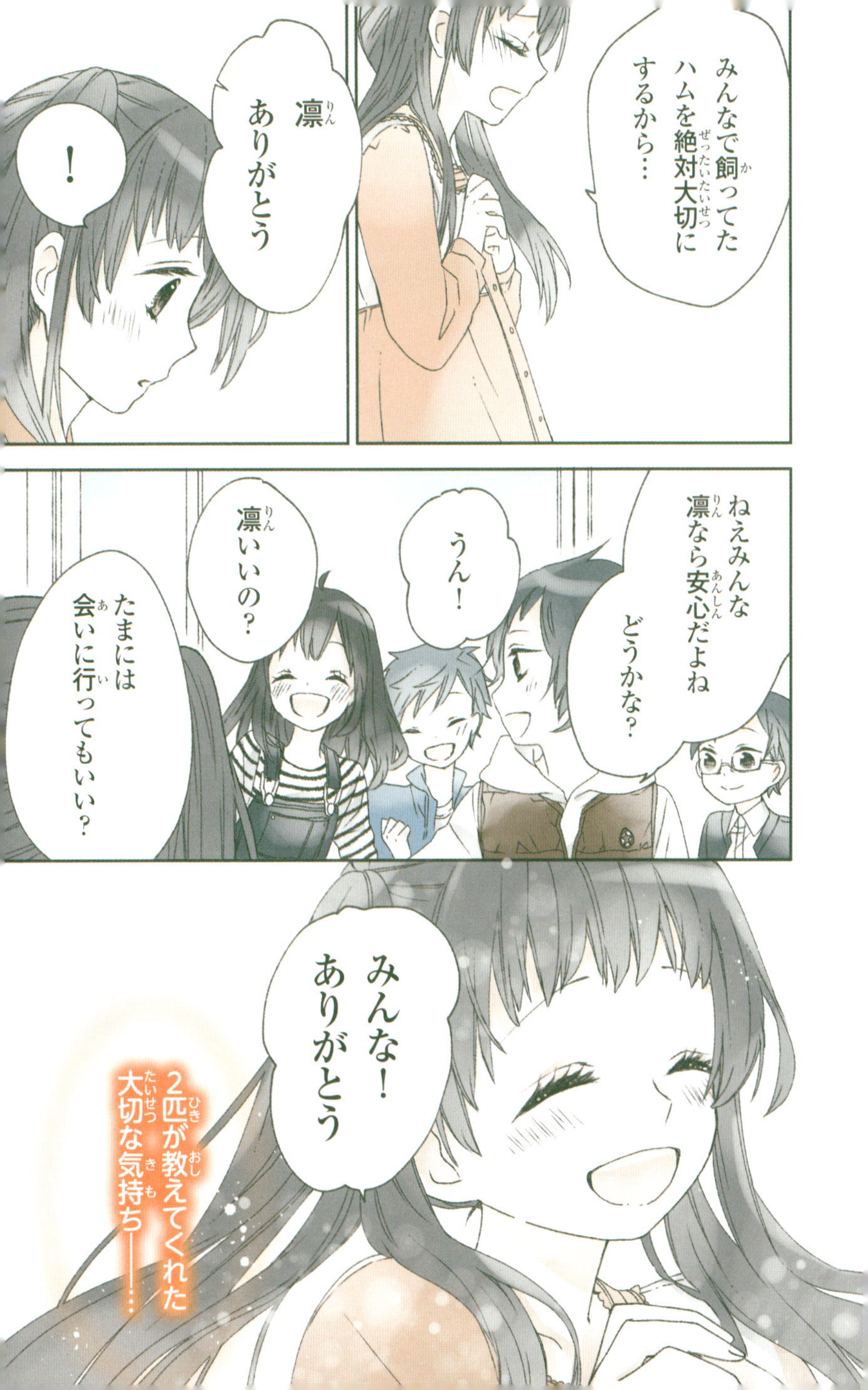

みんなで飼《か》ってたハムを絶対大切《ぜったいたいせつ》にするから…
凛《りん》ありがとう
!
ねえみんな凛《りん》なら安心《あんしん》だよね
どうかな?
うん!
凛《りん》いいの?
たまには会《あ》いに行《い》ってもいい?
みんな!ありがとう
2匹《ひき》が教《おし》えてくれた大切《たいせつ》な気持《きも》ち――…

みんなずっと忘《わす》れないよ――…
そして卒業式《そつぎょうしき》の日《ひ》――
ハムにも卒業証書《そつぎょうしょうしょ》が用意《ようい》されて
スターのお墓《はか》にはたくさんのお花《はな》が供《そな》えられた
1組《くみ》のみんなは先生《せんせい》の誇《ほこ》りよ
スターの死《し》に向《む》き合《あ》いハムに愛情《あいじょう》をそそぎ続《つづ》けた6年《ねん》1組《くみ》は
最高《さいこう》で最強《さいきょう》のクラスだ

――それから1年後《ねんご》
ひっく
ひっく
凛《りん》ちゃん
そっ…
ハムは凛《りん》ちゃんに大事《だいじ》に育《そだ》てられてとっても幸《しあわ》せだったと思《おも》うわ
先生《せんせい》…
ハムって…食《く》いしん坊《ぼう》でしたよね
いろんなところをかじったりやんちゃなところがかわいかった

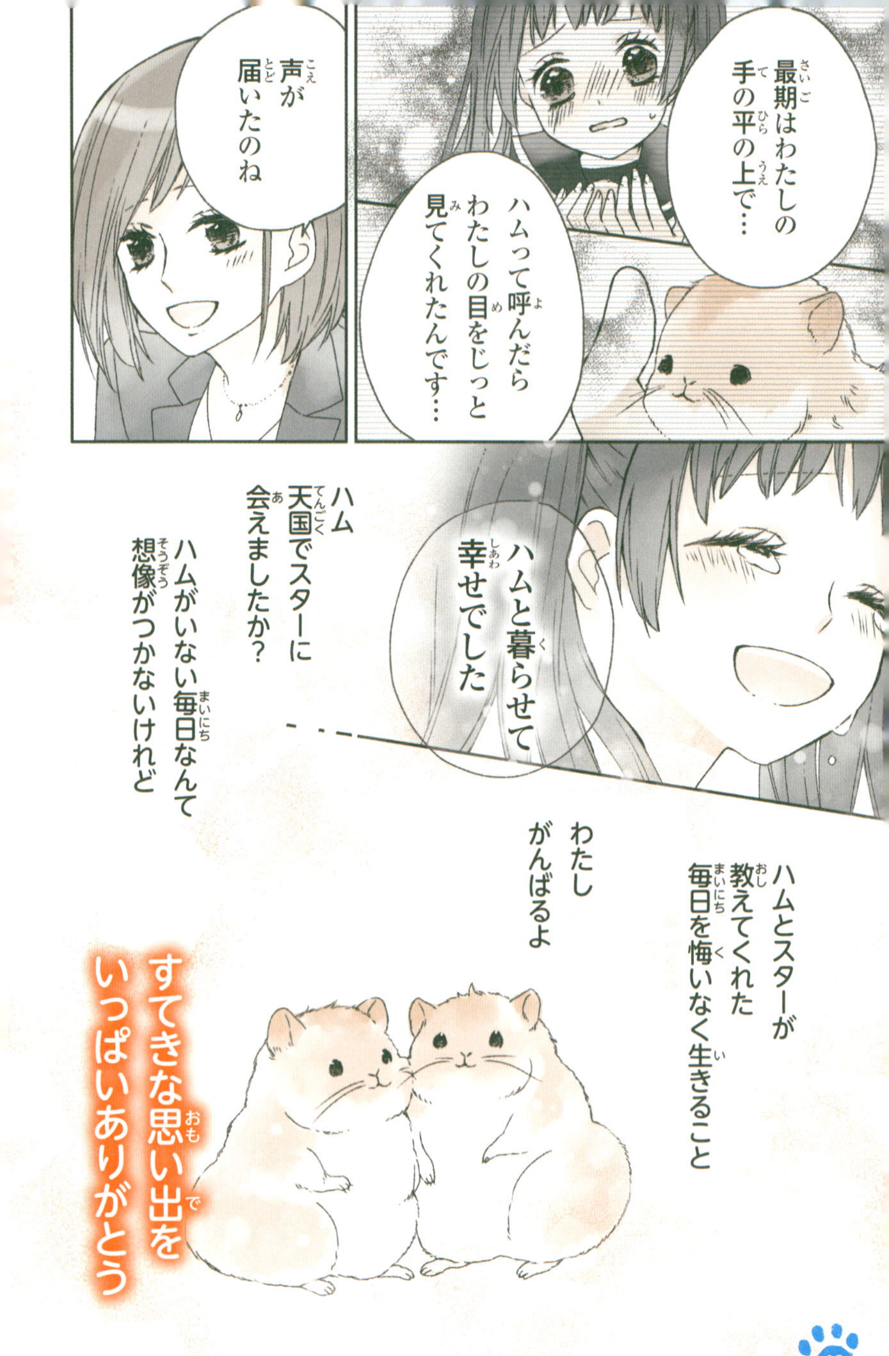
最期《さいご》はわたしの手《て》の平《ひら》の上《うえ》で…
ハムって呼《よ》んだらわたしの目《め》をじっと見《み》てくれたんです…
声《こえ》が届《とど》いたのね
ハムと暮《く》らせて幸《しあわ》せでした
ハム天国《てんごく》でスターに会《あ》えましたか？
ハムがいない毎日《まいにち》なんて想像《そうぞう》がつかないけれど
ハムとスターが教《おし》えてくれた毎日《まいにち》を悔《く》いなく生《い》きること
わたしがんばるよ
すてきな思《おも》い出《で》をいっぱいありがとう

第《だい》3話《わ》 すうとわたしの約束《やくそく》

新学期《しんがっき》──。なかなかクラスになじめない

香音《かのん》の心《こころ》の支《ささ》えは、ネコのすう。

キミを想《おも》

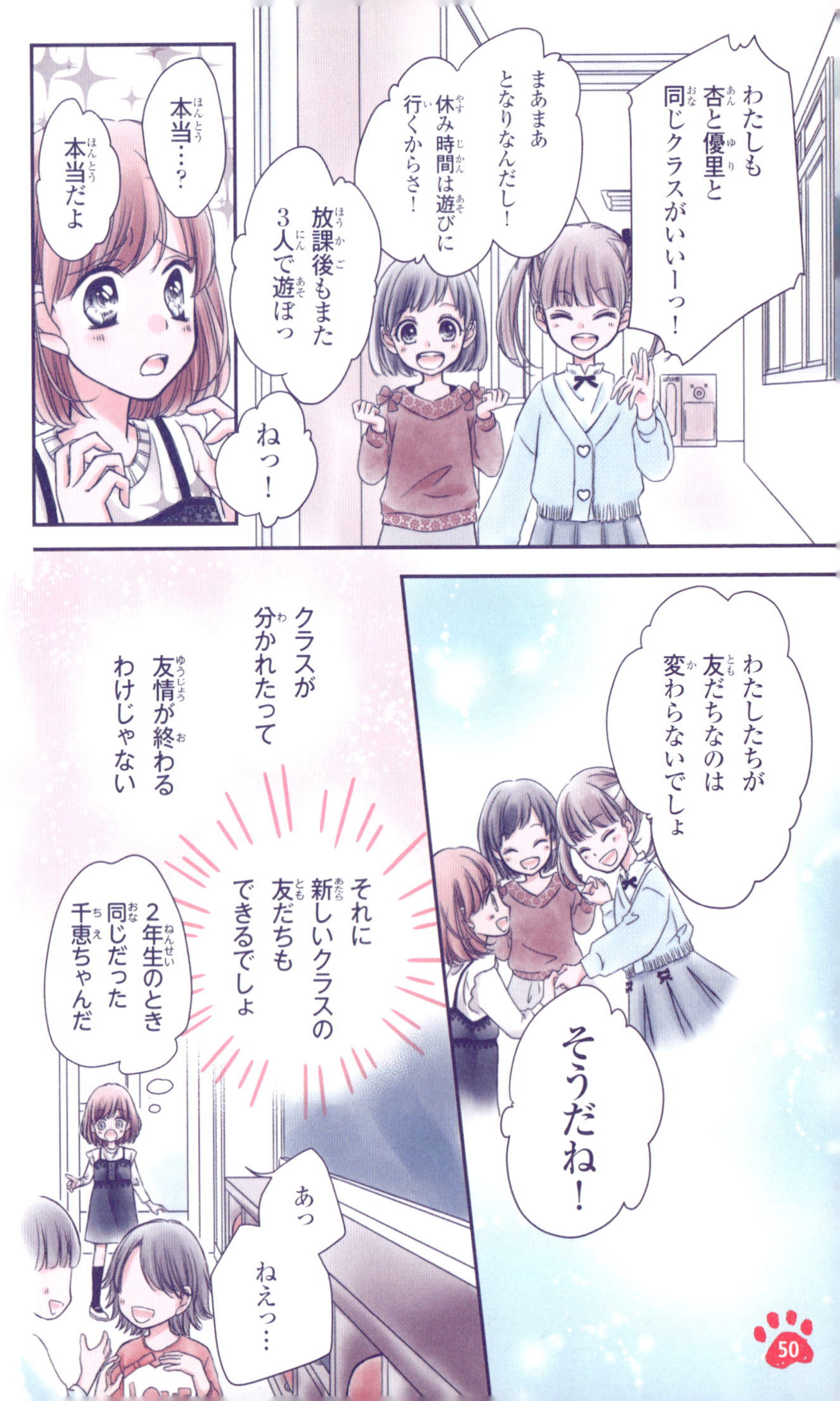
わたしも杏《あん》と優里《ゆり》と同《おな》じクラスがいいーっ！
まあまあ となりなんだし！ 休《やす》み時間《じかん》は遊《あそ》びに行《い》くからさ！
放課後《ほうかご》もまた3人《にん》で遊《あそ》ぼっ
ねっ！
本当《ほんとう》…？
本当《ほんとう》だよ
わたしたちが友《とも》だちなのは変《か》わらないでしょ
そうだね！
クラスが分《わ》かれたって
友情《ゆうじょう》が終《お》わるわけじゃない
それに新《あたら》しいクラスの友《とも》だちもできるでしょ
2年生《ねんせい》のとき同《おな》じだった千恵《ちえ》ちゃんだ
あっ
ねえっ…

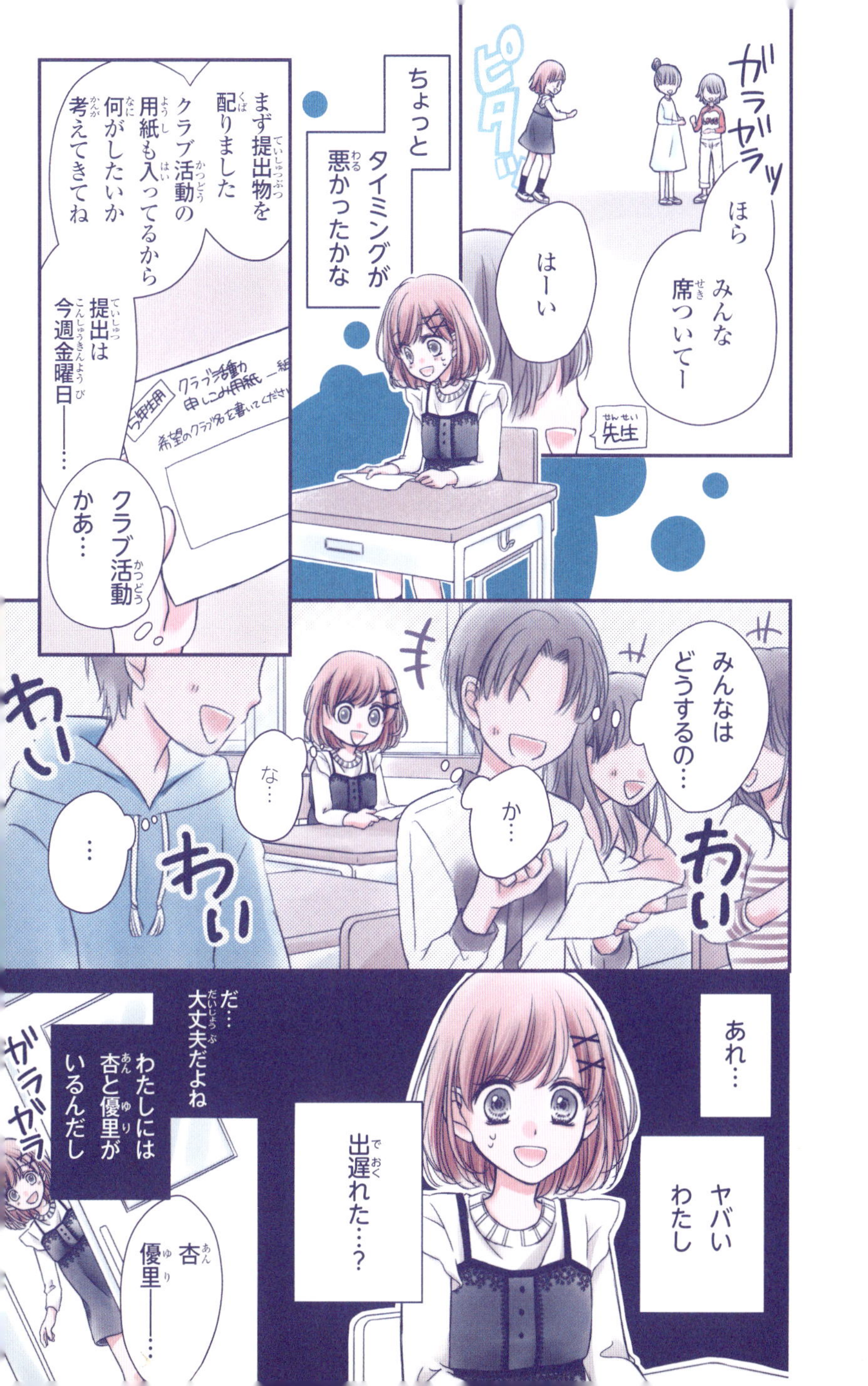

ガラガラッ
ピタッ
ほら みんな 席《せき》ついてー
はーい
先生《せんせい》
ちょっと タイミングが 悪《わる》かったかな
まず提出物《ていしゅつぶつ》を配《くば》りました クラブ活動《かつどう》の用紙《ようし》も入《はい》ってるから 何《なに》がしたいか考《かん》えてきてね
提出《ていしゅつ》は今週金曜日《こんしゅうきんようび》ーー…
5年生用
クラブ活動 申しこみ用紙 組
希望のクラブ名を書いてくださ
クラブ活動《かつどう》かあ…
キャ
みんなはどうするの…
わい
か…
な…
…
わい
わい
あれ…
ヤバい わたし
出遅《でおく》れた…？
だ…大丈夫《だいじょうぶ》だよね
わたしには杏《あん》と優里《ゆり》がいるんだし
杏《あん》 優里《ゆり》ーー…
ガラガラ

ぱたん…
そうだよね

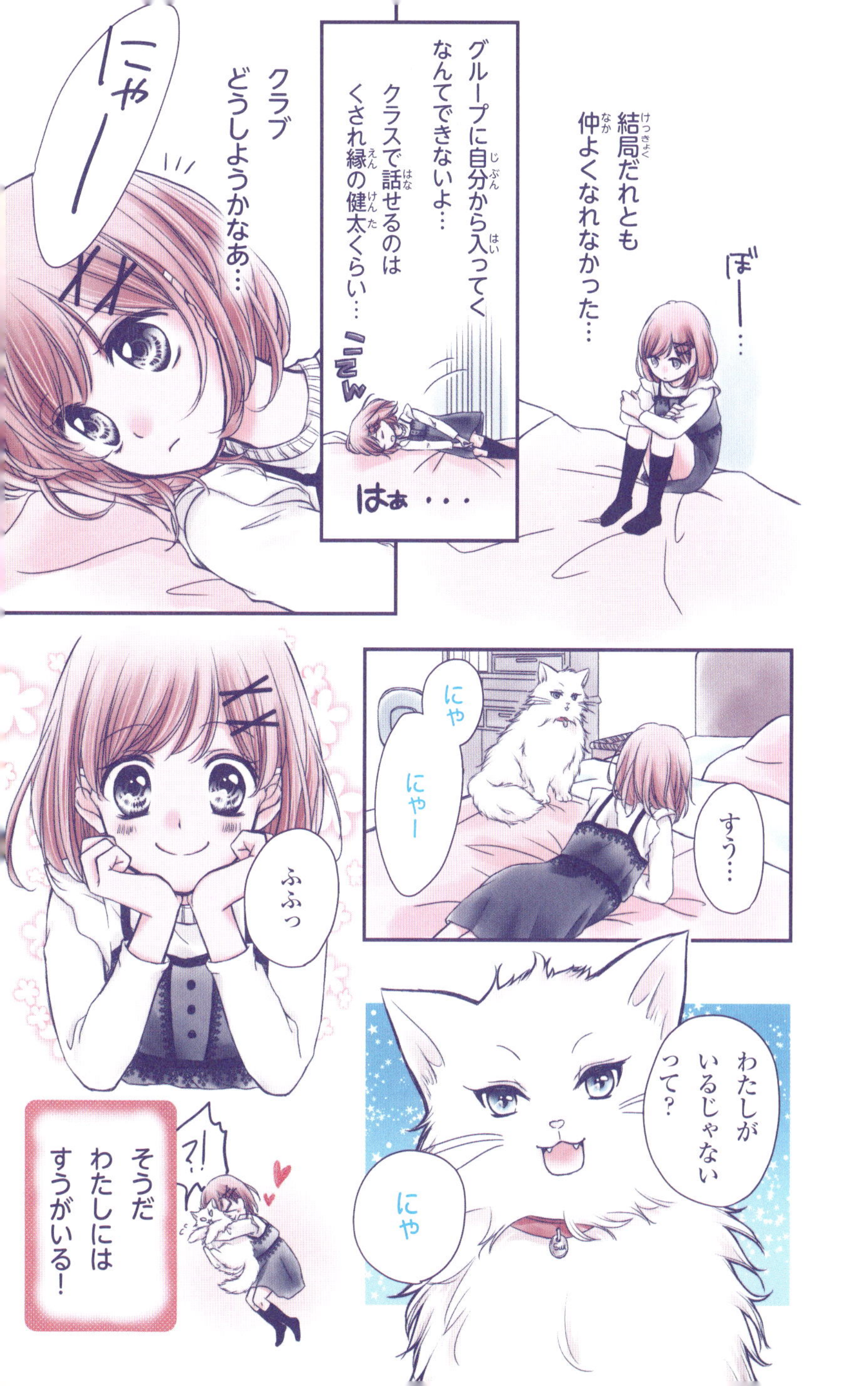

ぼーー…
結局《けっきょく》だれとも
仲《なか》よくなれなかった…
グループに自分《じぶん》から入《はい》ってく
なんてできないよ…
クラスで話《はな》せるのは
くされ縁《えん》の健太《けんた》くらい…
ごろん
はぁ・・・
クラブ
どうしようかなあ…
にゃーー
にゃ
にゃー
すう…
わたしが
いるじゃない
って？
にゃ
ふふっ
?!
そうだ
わたしには
すうがいる！

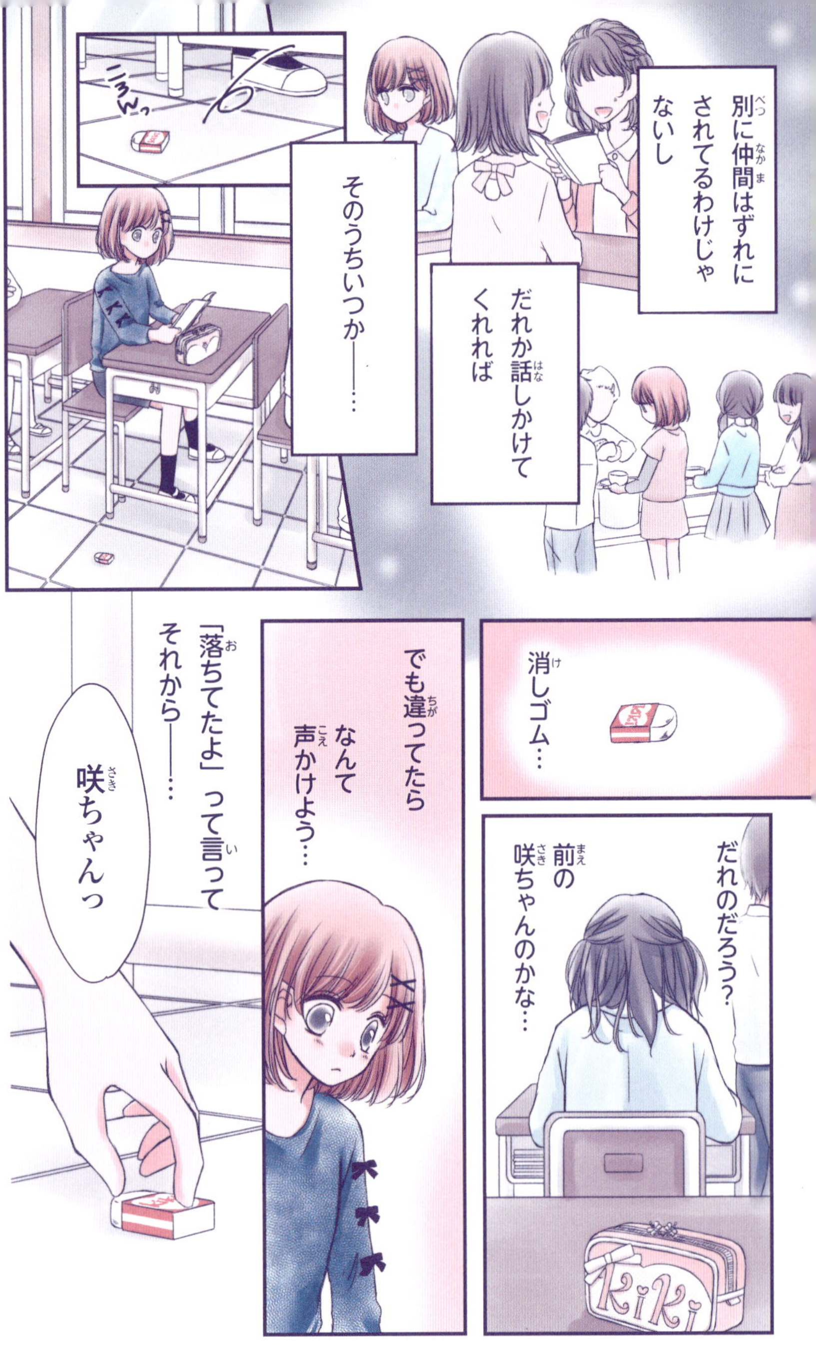
別《べつ》に仲間《なかま》はずれにされてるわけじゃないし
ころんっ
だれか話《はな》しかけてくれれば
そのうちいつか――…
消《け》しゴム…
だれのだろう?
前《まえ》の咲《さき》ちゃんのかな…
でも違《ちが》ってたら なんて声《こえ》かけよう…
「落《お》ちてたよ」って言《い》って それから――…
咲《さき》ちゃんっ

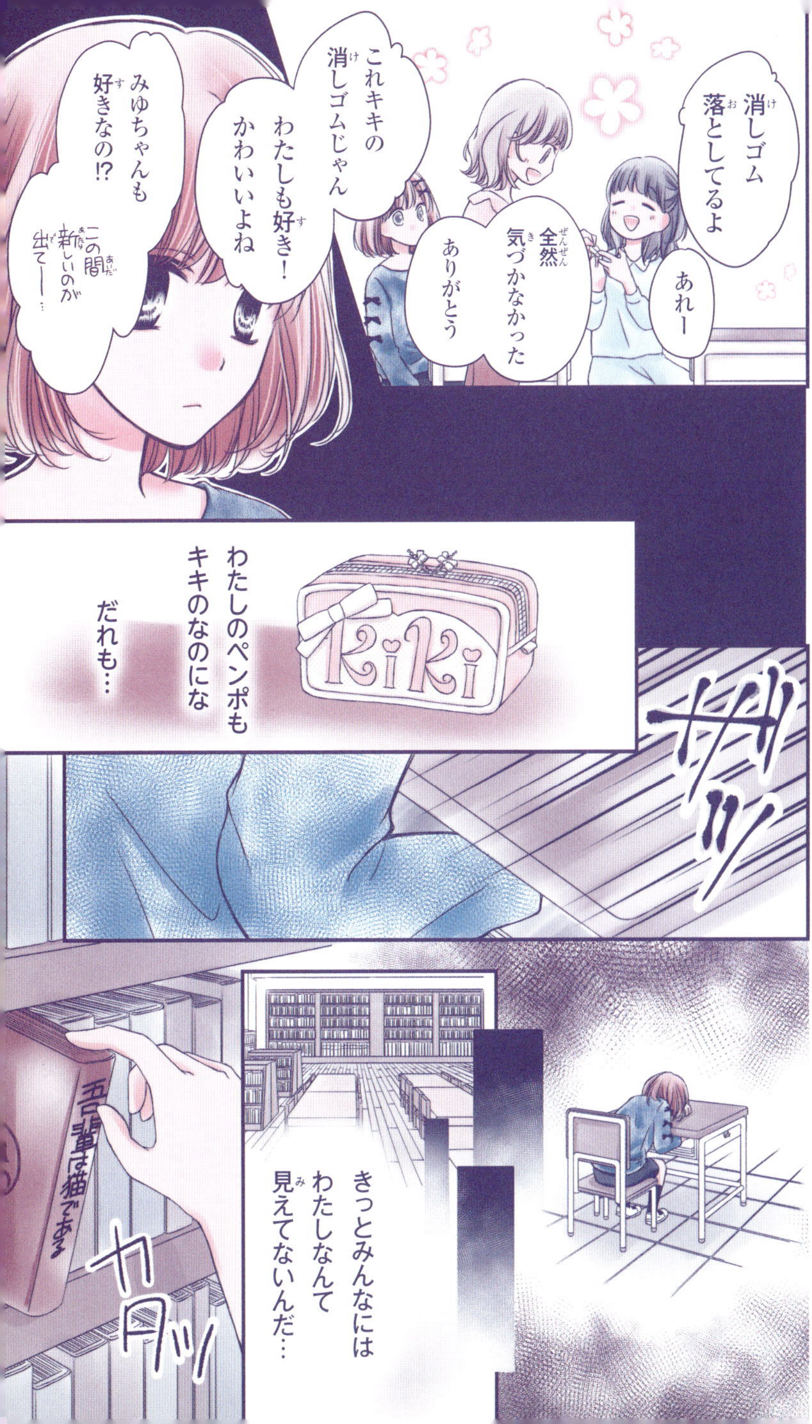

消《け》しゴム落《お》としてるよ
あれー
全然《ぜんぜん》気《き》づかなかった
ありがとう
これキキの消《け》しゴムじゃん
わたしも好《す》き!
かわいいよね
みゆちゃんも好《す》きなの!?
この間《あいだ》新《あたら》しいのが出《で》てー…
わたしのペンポもキキのなのにな
だれも…
KiKi
ガタッ
きっとみんなにはわたしなんて見《み》えてないんだ…
吾輩は猫である

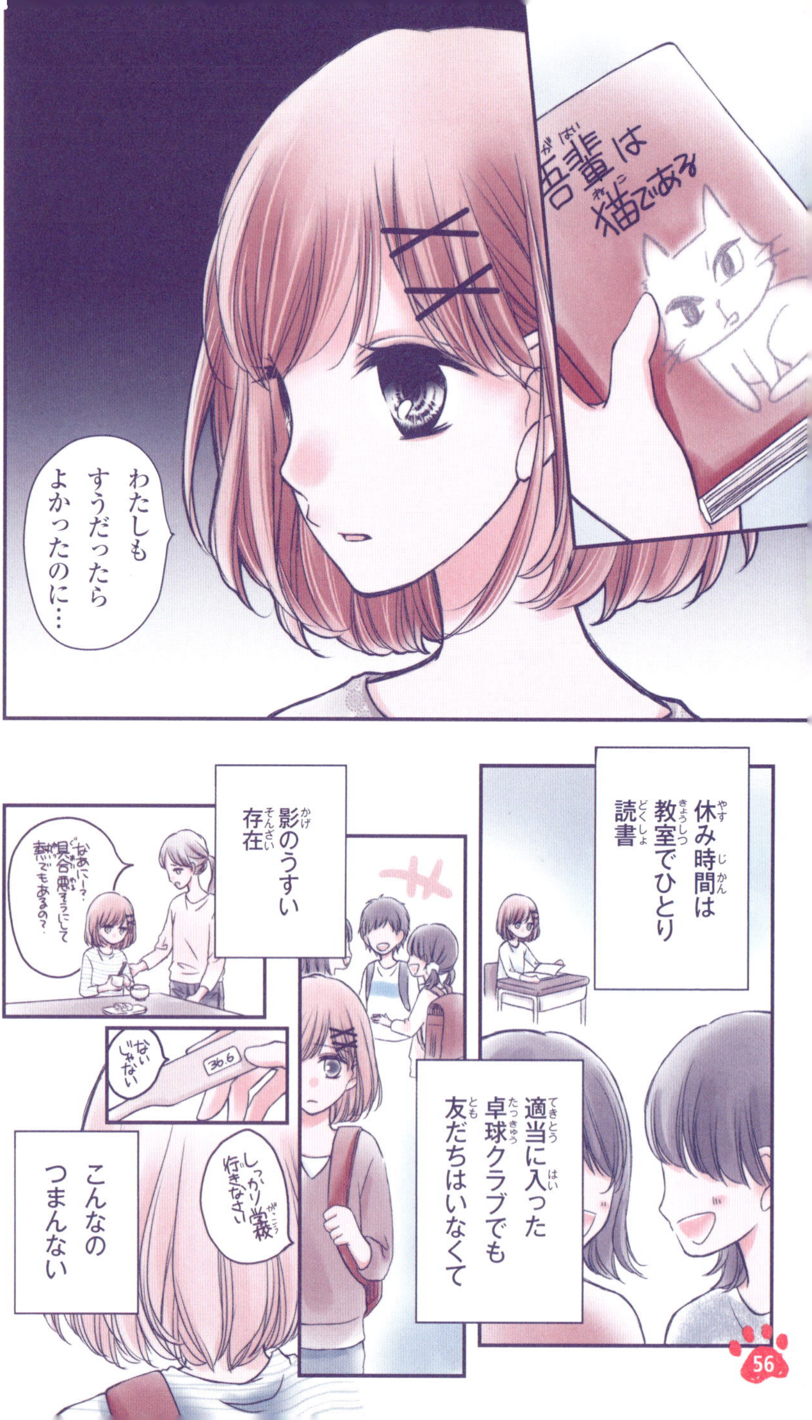
吾輩《わがはい》は猫《ねこ》である
わたしも すうだったら よかったのに…
休《やす》み時間《じかん》は 教室《きょうしつ》でひとり 読書《どくしょ》
適当《てきとう》に入《はい》った 卓球《たっきゅう》クラブでも 友《とも》だちはいなくて
影《かげ》のうすい 存在《そんざい》
なあに一？ 具合《ぐあい》悪《わる》そうにして 熱《ねつ》でもあるの？
ない じゃない
36.6
しっかり学校《がっこう》 行《い》きなさい
こんなの つまんない

おはよー
つまらない
あっ
先《さき》いーよ
あ…あのっ
ありが…
それでねー
つまらない
つまらない
健太《けんた》だ！
ねえ わたしも入《い》れてよ
はあー？女子《じょし》とサッカーなんかできねーよ
健太《けんた》ーっボールいったぞ！
つまらない
ついこの間《あいだ》まで いっしょにボール けってたじゃん…
つまらない
つまらない

なにそれ
つまんない!!!
バターン
なによ
みんな…
みゃー
すう
すっ…

すうもみんなと同《おな》じなの…？
なによ…
なによ！
みんな自分勝手《じぶんかって》なんだから!!
香音《かのん》？
どうしたの⁉
何《なに》があったの？
すうが寄《よ》って来《き》たから抱《だ》こうとしたのに
すり抜《ぬ》けていっちゃうなんて都合《つごう》よすぎるよ！
学校《がっこう》の…
学校《がっこう》のみんなだってそう…!!
わたしの気持《きも》ちなんて考《かんが》えてくれないだれも話《はな》しかけてくれない！
わたしだってキキの文房具《ぶんぼうぐ》持《も》ってるのに
休《やす》み時間《じかん》ひとりでいるのに
杏《あん》と優里《ゆり》はずっと友《とも》だちだってわたしの教室《きょうしつ》に遊《あそ》びにきてくれるって言《い》ってたのに!!

だれも
だれも
だれも
だれも!!
わたしのこと
気《き》にかけて
くれない!!
香音《かのん》
すうはどうして
あなたの手《て》から
すり抜《ぬ》けたのかしら
え?
香音《かのん》が
きらいだから?
わたしの顔《かお》も見《み》たいし
最近《さいきん》具合《ぐあい》がよくないから
ソファでのんびり
したかったんだと思《おも》う
香音《かのん》は
お友《とも》だちの気持《きも》ち
考《かんが》えてみたこと
ある?

香音《かのん》に 話《はな》しかけて もらいたいなって 思《おも》っていたり
あなたと 同《おな》じように
話《はな》したいけど なかなか勇気《ゆうき》が 出《で》なくて 話《はな》しかけられない 子《こ》もいるかも しれないわね
お母《かあ》さんの言葉《ことば》は すとんと心《こころ》に 落《お》ちついた
そして その夜《よる》 不思議《ふしぎ》な夢《ゆめ》を見《み》た
…音《のん》…
…香音《かのん》
香音《かのん》はシャイだけど とってもやさしい
みんなも香音《かのん》を知《し》れば きっと大好《だいす》きになるわ
周《まわ》りが変《か》わるのを 待《ま》つより
自分《じぶん》を変《か》えるほうが かんたんだよ
だって
自分次第《じぶんしだい》 なんだから

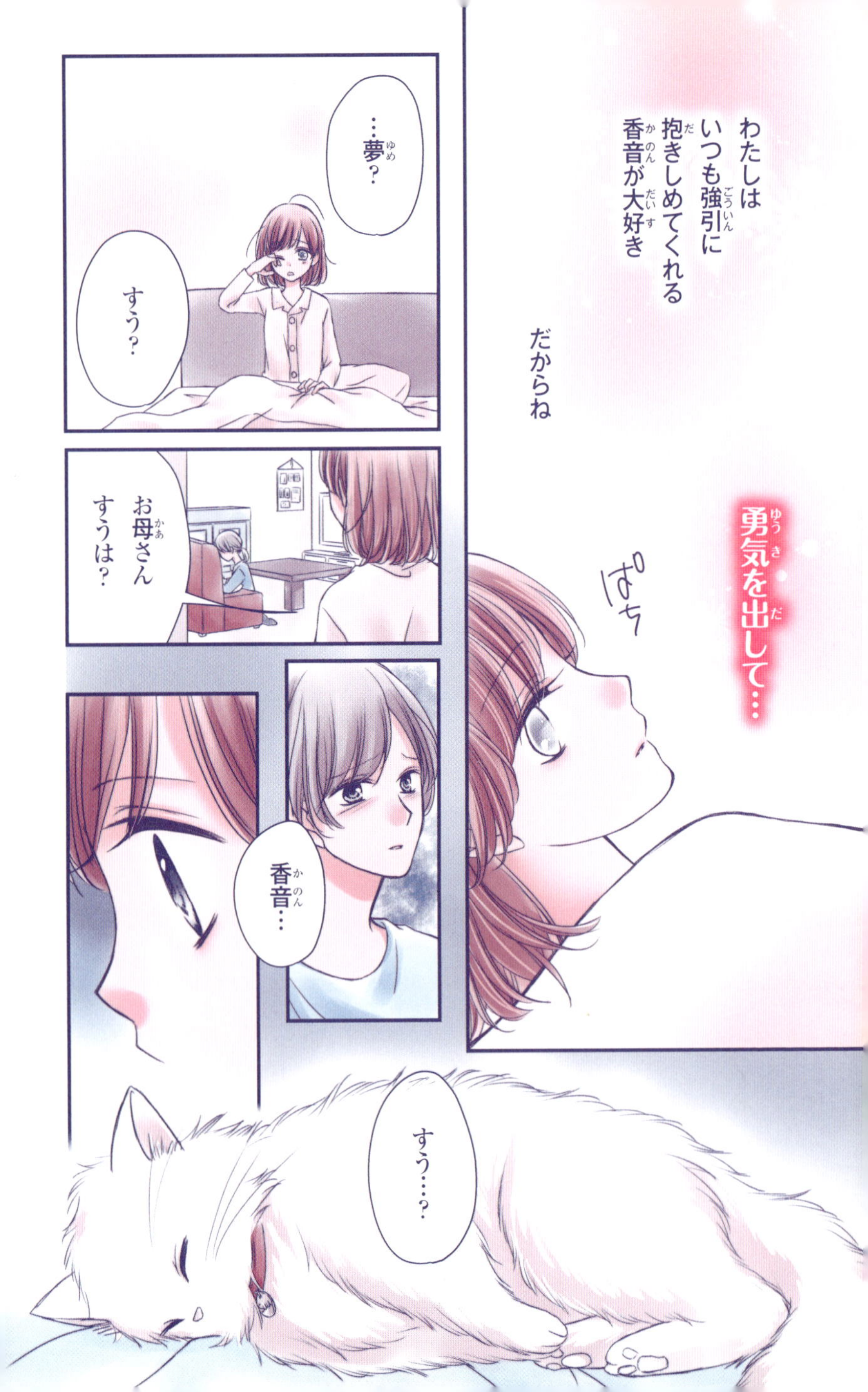
わたしは
いつも強引《ごういん》に
抱《だ》きしめてくれる
香音《かのん》が大好《だいす》き
だからね
勇気《ゆうき》を出《だ》して…
ぱち
…夢《ゆめ》？
すう？
お母《かあ》さん
すうは？
香音《かのん》…
すう…？

すう…
すう…っ
今夜《こんや》が峠《とうげ》かもしれないわ
もう歳《とし》だから
学校《がっこう》…
行《い》ける…？
すうと過《す》ごせる時間《じかん》は
あと少《すこ》ししかない…
だから
行《い》く
すうが生《い》きているうちに
すうに成長《せいちょう》した自分《じぶん》を見《み》てほしい
…と思《おも》うけど
すうが心配《しんぱい》ですうのことしか考《かんが》えられない…
今《いま》この瞬間《しゅんかん》すうが死《し》んじゃってたらどうしよう
そんなのいやだよ…
…どうしたの？

体調悪《たいちょうわる》いの？保健室《ほけんしつ》に行《い》く？
わたしを気《き》にかけてくれるの？
え…
いきなりこんな話《はなし》はしにくいけど
まずはわたしが心《こころ》を開《ひら》いてみなくちゃ
あの…
うちのネコがね…死《し》んじゃうかもしれなくて…
もう歳《とし》で具合《ぐあ》いが悪《わる》かったから…
……
やっぱり反応《はんのう》しづらいよね…
香音《かのん》ちゃん
休《やす》み時間《じかん》によくネコの本《ほん》読《よ》んでるもんね
ネコ好《す》きなんだろうなって思《おも》ってたよ
つらいよね…大丈夫《だいじょうぶ》…？
みんながわたしを心配《しんぱい》してくれてる
あっ あのね！香音《かのん》ちゃんのネコちゃんには元気《げんき》になってもらいたいし不謹慎《ふきんしん》かもしれないけど

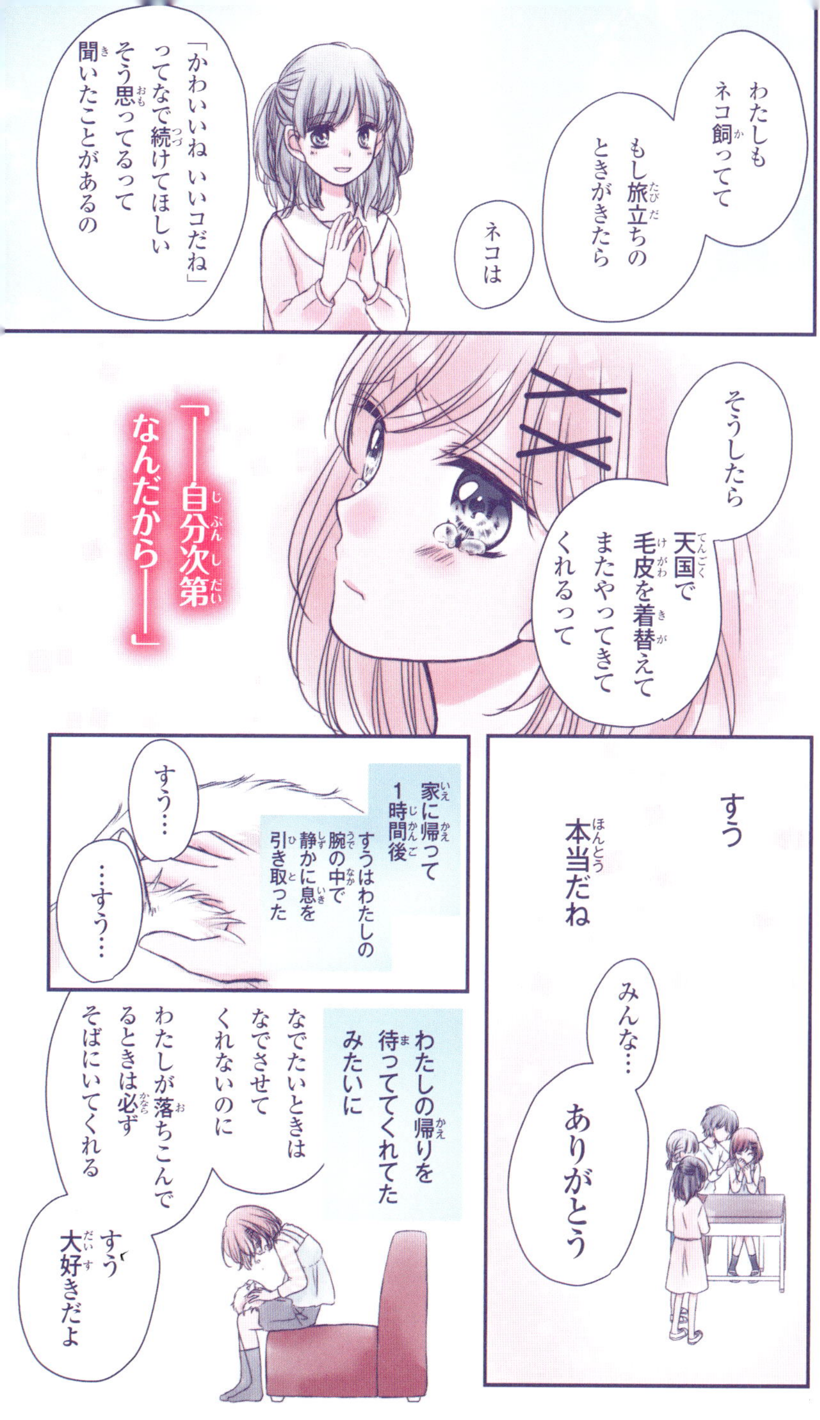
わたしも ネコ飼《か》ってて
もし旅立《たびだ》ちの ときがきたら
ネコは
「かわいいね いいコだね」 ってなで続《つづ》けてほしい そう思《おも》ってるって 聞《き》いたことがあるの
そうしたら
天国《てんごく》で 毛皮《けがわ》を着替《きが》えて またやってきて くれるって
「――自分次第《じぶんしだい》なんだから――」
すう 本当《ほんとう》だね
みんな… ありがとう
家《いえ》に帰《かえ》って 1時間後《じかんご》
すうはわたしの 腕《うで》の中《なか》で 静《しず》かに息《いき》を 引《ひ》き取《と》った
すう…
…すう…
わたしの帰《かえ》りを 待《ま》っててくれてた みたいに
なでたいときは なでさせて くれないのに わたしが落《お》ちこんで るときは必《かなら》ず そばにいてくれる
すう 大好《だいす》きだよ

ねえ
覚《おぼ》えてる？
わたしが
はじめてひとりで
ベッドで寝《ね》た夜《よる》
「ぜんぜん平気《へいき》」
って強《つよ》がってたのに
じつは心細《こころぼそ》くて
泣《な》いてたら
すうが
顔《かお》の横《よこ》にきて
いっしょに寝《ね》て
くれたよね
まくらを占領《せんりょう》されて
ちょっと
寝《ね》づらかったけど
すごく
うれしかった
今日《きょう》ね
学校《がっこう》の友《とも》だちと
話《はな》せたよ
すうが
勇気《ゆうき》を出《だ》してって
言《い》ってくれたから…
すうのおかげだよ
ありがとう
すう…
生《う》まれ変《か》わっても
また
わたしと暮《く》らそう
すうがどんな毛皮《けがわ》に着替《きが》えたって
わたしはすうを絶対《ぜったい》に見《み》つける
さよならじゃないよ
また会《あ》おうね

第《だい》4話《わ》

わたしとソラが奏《かな》でる音《おと》

盲目《もうもく》の香奈《かな》は大学卒業後《だいがくそつぎょうご》、盲導犬《もうどうけん》のユーザーになることを決意《けつい》したけれど……。

キミを想《おも》う

カツ、カツ、カツ……。

香奈《かな》は白杖《はくじょう》で道路《どうろ》の点字《てんじ》ブロックをたたきながら、歩《ある》いた。

白杖《はくじょう》を持《も》つのは、立《た》って歩《ある》いているときに手《て》でさわって確《たし》かめられない障害物《しょうがいぶつ》や溝《みぞ》、段差《だんさ》を知《し》るため。

白杖《はくじょう》で道路《どうろ》などをたたいて音《おと》をたてるのは、視覚障《しかくしょう》がいをもっている自分《じぶん》の存在《そんざい》を、まわりの人《ひと》に知《し》らせるためだ。

ようやく家《いえ》に着《つ》くと、香奈《かな》はソファーにたおれこんだ。

（少《すこ》しの外出《がいしゅつ》が、まったく見《み》えなくなるとこんなに大変《たいへん》なんて……）

香奈《かな》は生《う》まれつき弱視《じゃくし》だった。

それでも小《しょう》、中学生《ちゅうがくせい》のあいだは一番前《いちばんまえ》の席《せき》なら黒板《こくばん》が見《み》えたし、体育《たいいく》で走《はし》ることもできた。中学《ちゅうがく》の吹奏楽部《すいそうがくぶ》でフルートに出会《であ》い、高校卒業後《こうこうそつぎょうご》は音楽大学《おんがくだいがく》に進《すす》んだ。だが、その間《あいだ》も視力《しりょく》は低下《ていか》し続《つづ》け、大学卒業後《だいがくそつぎょうご》、とうとうまったく見《み》えなくなった。

外出《がいしゅつ》するときに白杖《はくじょう》を使《つか》うようになったのはそれからだ。

しかし、歩道《ほどう》にとまっていた自転車《じてんしゃ》にぶつかったり、車《くるま》の接近《せっきん》にひやっとしたり、外出中《がいしゅつちゅう》ずっと緊張《きんちょう》が続《つづ》くため、へとへとになった。

前方《ぜんぽう》を探《さぐ》りながらのろのろ歩《ある》いているせいで、後《うし》ろから来《き》た人《ひと》がいら立《だ》ち、追《お》い越《こ》していくのが気配《けはい》でわかる。後《うし》ろからは、視覚障《しかくしょう》がい者《しゃ》だとわ

からないからだろう。

だからこそ、白杖《はくじょう》で音《おと》をたて、まわりの人《ひと》に気《き》づいてもらうのが大事《だいじ》だとわかってはいたが、「わたしは障《しょう》がい者《しゃ》です」と宣言《せんげん》している気《き》がして、香奈《かな》は積極的《せっきょくてき》に白杖《はくじょう》を持《も》って外出《がいしゅつ》する気《き》になれなかった。

香奈《かな》はひとりで外《そと》に出《で》かけるのがいやになり、大好《だいす》きなフルートの練習《れんしゅう》にも行《い》かなくなった。

あるとき、お母《かあ》さんが香奈《かな》に提案《ていあん》した。

「盲導犬《もうどうけん》ユーザーになったらどうかしら？」

「……でも、犬《いぬ》を人間《にんげん》の道具《どうぐ》にしてるみたいでかわいそうだよ。人間《にんげん》を守《まも》るのにストレスがかかって寿命《じゅみょう》が短《みじか》いって聞《き》いたことあるし」

「そうかしら……。ほら、このインターネット動画《どうが》聞《き》いてみて」

お母《かあ》さんが、盲導犬《もうどうけん》ユーザーの動画《どうが》を再生《さいせい》した。

『わたしは盲導犬《もうどうけん》ユーザーになって、盲導犬《もうどうけん》は人《ひと》と歩《ある》くのを楽《たの》しんでいるんだと、わかりました。ほめられるのが、うれしいみたいです』
『このコは外《そと》ではたのもしいですが、家《いえ》にいるときは、のんびり、甘《あま》えたがりなんです』
（ふーん。盲導犬《もうどうけん》は外《そと》を歩《ある》くの楽《たの》しんでるんだ。家《いえ》ではリラックスしてるみたいだし、そんなにストレスはたまらないのかな）
『わたしは白杖《はくじょう》をついて歩《ある》くとつかれるので、あまり出《で》かけたくなかったんですが、盲導犬《もうどうけん》といっしょに歩《ある》くようになってから、外出《がいしゅつ》が楽《たの》しくなりました。安心《あんしん》して歩《ある》けるおかげで、風《かぜ》や季節《きせつ》を感《かん》じられるようになって――』
香奈《かな》は、はっとした。
（風《かぜ》や季節《きせつ》を感《かん》じる……。そういう感覚《かんかく》、忘《わす》れてた。わたしもまた季節《きせつ》を感《かん》じてみたい）

盲導犬《もうどうけん》を借《か》りたいという申《もう》し込《こ》みをして一年後《いちねんご》の秋《あき》。
香奈《かな》は訓練《くんれん》センターで、盲導犬《もうどうけん》との共同訓練《きょうどうくんれん》を受《う》けることになった。

四週間《よんしゅうかん》ほど訓練《くんれん》センターと自宅付近《じたくふきん》で、盲導犬《もうどうけん》と歩《ある》く訓練《くんれん》や盲導犬《もうどうけん》の世話《せわ》、健康管理《けんこうかんり》のしかたについて学《まな》ぶのだ。

訓練《くんれん》センターに行《い》くと、ほかにも共同訓練《きょうどうくんれん》を受《う》ける人《ひと》が数人《すうにん》いた。

歩行指導員《ほこうしどういん》の高橋《たかはし》さんが、香奈《かな》の前《まえ》に犬《いぬ》を連《つ》れてきた。

「香奈《かな》さんとユニットを組《く》むのは、２歳《さい》の女《おんな》の子《こ》ソラです。顔《かお》や体《からだ》は白《しろ》いですが、耳《みみ》はクリーム色《いろ》をしています」

香奈《かな》はそうっと、ソラをなでた。ふんわりして、あたたかい。

「ソラ、よろしくね」

香奈《かな》がはじめに教《おそ》わったのは、ソラが出《だ》す情報《じょうほう》を受《う》け取《と》り、判断《はんだん》することだった。

盲導犬《もうどうけん》は自分《じぶん》が見《み》た周囲《しゅうい》の情報《じょうほう》を、立《た》ち止《ど》まったり、方向《ほうこう》を変《か》えて歩《ある》くことで表《あらわ》す。

その行動《こうどう》は胴体《どうたい》につけられたハーネスを通《つう》じて、ユーザーに伝《つた》わる。

たとえば、盲導犬《もうどうけん》が立《た》ち止《ど》まるとき、それが段差《だんさ》を知《し》らせたいのか、曲《ま》がり角《かど》を知《し》らせているのかを、ユーザーはハーネスを持《も》つ手《て》で読《よ》み取《と》って判断《はんだん》する。

だが、香奈《かな》はソラが伝《つた》える情報《じょうほう》をうまく読《よ》み取《と》ることができない。なんども障害物《しょうがいぶつ》としておかれたコーンにぶつかった。

休《きゅう》けいに入《はい》ると、香奈《かな》は大《おお》きなため息《いき》をついた。

(盲導犬《もうどうけん》はもっと上手《じょうず》に誘導《ゆうどう》してくれると思《おも》っていたのに、ソラはあまり優秀《ゆうしゅう》な盲導犬《もうどうけん》じゃないのね)

午後《ごご》は、犬《いぬ》の世話《せわ》のしかたを教《おそ》わった。はじめは、排《はい》せつのさせ方《かた》や処理《しょり》のしかただ。

外出中《がいしゅつちゅう》は、定期的《ていきてき》に犬《いぬ》におしっこやうんちの排《はい》せつをうながす。できそうなタイミングをみて、排《はい》せつの合図《あいず》として「ワン・ツー」と声《こえ》をかけるのだ。

けれども、ソラは排《はい》せつの声《こえ》をかけたときにはすぐにしてくれず、とても時間《じかん》がかかり苦労《くろう》することが多《おお》かった。

そのたび、香奈《かな》は思《おも》い通《どお》りにいかずイライラした。

また、歯《は》みがきにも、苦労《くろう》した。

手《て》でソラの口《くち》をさぐって歯《は》ブラシを差《さ》し込《こ》むのだが、かまれるんじゃないかと思《おも》うとこわくて、なんども歯《は》ブラシから手《て》をはなしてしまった。

（これなら、ひとりのほうが楽《らく》だよ……）

何日《なんにち》たっても、香奈《かな》は高橋《たかはし》さんが教《おし》えてくれようにはできない。

ほかの訓練者《くんれんしゃ》は順調《じゅんちょう》に進《すす》んでいるようで、「グッド！」と犬《いぬ》をほめる声《こえ》や、うれしそうな笑《わら》い声《ごえ》が、聞《き》こえてくる。
（うまくいっていないのは、わたしだけだ……）
香奈《かな》のなかで、あせる気持《きも》ちがどんどんふくらんでいった。

そうして十日《とおか》が過《す》ぎたころ、外出先《がいしゅつさき》で人《ひと》に道《みち》をたずねる訓練《くんれん》が行《おこな》われた。
香奈《かな》は駅《えき》の構内《こうない》で、緊張《きんちょう》しながら、通《とお》りかかった人《ひと》に声《こえ》をかけた。
「あの、道《みち》を教《おし》えていただきたいのですが……」
「いそいでいるので、すみません」
数人《すうにん》にことわられたあと、ようやく立《た》ち止《ど》まってくれた人《ひと》がいた。
「どこへ行《い》きたいのですか？」
「はい、えっと……」
話《はな》すあいだ、ソラを座《すわ》らせようと「シット」と指示《しじ》を出《だ》したが、座《すわ》ってくれない。
（なんで、わたしの言《い》うことを聞《き》いてくれないの？）

香奈《かな》は言《い》うことをきかないソラをおさえようとあたふたしながら、立《た》ち止《ど》まってくれた人《ひと》と話《はな》した。

訓練《くんれん》を終《お》えてセンターにもどると、香奈《かな》は高橋《たかはし》さんに言《い》った。

「わたし、もう無理《むり》です。ソラとはやっていけません」

涙《なみだ》が出《で》そうになるのを、ぐっとこらえる。

すると、高橋《たかはし》さんがやんわり言《い》った。

「ユーザーと盲導犬《もうどうけん》は別々《べつべつ》でなく、ひとつのユニットとして数《かぞ》えられます。香奈《かな》さんには香奈《かな》さんの個性《こせい》があるように、盲導犬《もうどうけん》にもそれぞれ個性《こせい》がある。その個性《こせい》と個性《こせい》が結《むす》びつき、ほかにはないユニットができるんです。香奈《かな》さんとソラは、ようやくたがいの個性《こせい》が出《で》てきたところでしょう？　歩《ある》く速度《そくど》も合《あ》ってきましたし、これからもっと合《あ》うようになると思《おも》いますよ」

（ほかにはないユニット……）

香奈《かな》は足元《あしもと》にふせているソラの息《いき》づかいに、耳《みみ》をかたむけた。

夜《よる》、香奈《かな》は個室《こしつ》の洗面所《せんめんじょ》で自分《じぶん》の歯《は》みがきを終《お》えて、ソラに声《こえ》をかけた。

「ソラ、寝《ね》るよ。おやすみ」

すると、ソラが立《た》ちあがってベッドに近《ちか》づく気配《けはい》がした。

パサッ

香奈《かな》はベッドをさわって、おどろいた。かけ布団《ぶとん》が、めくれていたのだ。

「ソラがめくってくれたの？　わたしのために？」

（そうだ、わたしたちはまだユニットを組《く》んだばかり。ソラだって、訓練士《くんれんし》さんとやってきたようにはいかなくて、とまどっていたはず。うまくできないのはわたしにも責任《せきにん》があるのに、ソラのせいにしていた。ソラはわたしに合《あ》わせようと、がんばってくれて

いるのに……）

じわじわと、熱《あつ》いものがこみあげてくる。

香奈《かな》はソラをだきしめた。

「ありがとう、ソラ。わたしもソラのことをもっと理解《りかい》できるように、がんばる。ほかにない、わたしたちだけのユニットになっていこうね」

半年後《はんとしご》――。

「ソラ。ストレート　ゴー」

香奈《かな》は左手《ひだりて》にソラの動《うご》きを感《かん》じながら、舞台《ぶたい》の中央《ちゅうおう》に進《すす》んだ。

「ダウン」

足元《あしもと》にソラが伏《ふ》せると、香奈《かな》はフルートを構《かま》えた。

ピアノの演奏《えんそう》がはじまる。

香奈《かな》はすうっと息《いき》を吸《す》い、フルートに口《くち》をつけた。
ピアノとフルートが重《かさ》なり、豊《ゆた》かな音色《ねいろ》となって会場中《かいじょうじゅう》に広《ひろ》がっていく。
香奈《かな》は音《おと》が空気《くうき》をふるわすのを感《かん》じながら、フルートを奏《かな》でた。
鳥《とり》がさえずり、さわさわと木々《きぎ》がゆれている様子《ようす》を、音《おと》で描《えが》いていく。メロディーが複雑《ふくざつ》になったあと、再《ふたた》びゆるやかになり、香奈《かな》は最後《さいご》の音《おと》を吹《ふ》ききった。
ひと呼吸《こきゅう》置《お》いて、わっと、客席《きゃくせき》から拍手《はくしゅ》があがった。

香奈《かな》はほーっと、深呼吸《しんこきゅう》した。ソラとの日々《ひび》が頭《あたま》をよぎる。

共同訓練《きょうどうくんれん》を終《お》えてから、香奈《かな》は自宅《じたく》でソラと暮《く》らすようになった。
長《なが》くいっしょにいるうち、ソラは本当《ほんとう》はあまえんぼうだとわかった。家《いえ》の中《なか》では香奈《かな》のひざにあごを乗《の》せて寝《ね》たり、犬用《いぬよう》のおもちゃをくわえて、あそびをねだったりする。
ソラの排《はい》せつのタイミングもわかるようになり、香奈《かな》がこまることもなくなった。
そうして、ふたりで外出《がいしゅつ》するのにもなれたころ、香奈《かな》に今回《こんかい》の演奏会《えんそうかい》に出《で》ないかといううさそいがかかった。
ほかの楽器《がっき》と合《あ》わせるには、練習室《れんしゅうしつ》を借《か》りている音楽教室《おんがくきょうしつ》に通《かよ》わないとならない。以《い》前《ぜん》なら、ひとりで出《で》かけるのが不安《ふあん》でことわっていたが、このときはすぐに「出演《しゅつえん》したい」と答《こた》えた。

（ソラがいてくれるから、いま、わたしはここに立《た》っていられる……）

香奈《かな》は客席《きゃくせき》に礼《れい》をし、体中《からだじゅう》に拍手《はくしゅ》をあびながら、ソラとともに舞台《ぶたい》を後《あと》にした。

帰《かえ》り道《みち》、香奈《かな》は道《みち》に迷《まよ》った。

ソラが（どうするの？）と顔《かお》をあげて指示《しじ》を待《ま》っているのがわかる。

「ウエイト」

（ちょっと待《ま》って。人《ひと》に聞《き》くからね）

通《とお》りかかった人《ひと》に道《みち》をたずね、ソラと歩《ある》き出《だ》す。

ふわっと、鼻先《はなさき》にあまいような花《はな》の香《かお》りを感《かん》じた。

（あ、これは六月《ろくがつ》ごろになると空気《くうき》にまじる香《かお》り。初夏《しょか》の香《かお》りだ）

香奈《かな》はすーっと、空気《くうき》を吸《す》い込《こ》んだ。

道《みち》に迷《まよ》っても、ソラがいっしょだと楽《たの》しい。

「ソラ、これからも、わたしたちのペースで歩《ある》いていこうね！」

キミを想《おも》う

第《だい》5話《わ》 ぼくとジョイの冒険《クエスト》！

夢中《むちゅう》になると一直線《いっちょくせん》の翔《しょう》。

彼《かれ》が新《あら》たに夢中《むちゅう》になったのは……。

ある日《ひ》――
お買《かい》得《どく》セール
Pet《ペット》☆Land《ランド》
ちょっと遅《おそ》く
なっちゃったわね
お父《とう》さん
帰《かえ》ってきてるかも～
あ!!
ねえ
茜《あかね》!
見《み》て!!
ダッ
はっ
はっ
ブンブン

わあ！ジョイだ！
本物《ほんもの》だ〜!!
本当《ほんとう》にジョイそっくり…！
よかったら抱《だ》っこしてみますか？
はい…
かわいいよ〜！
んっん…
おほん…
？
ブルテリアは19世紀初《せいきはじ》めごろのイギリスで闘犬《とうけん》としてブルドックとテリアを掛《か》け合《あ》わせて作出《さくしゅつ》された犬種《けんしゅ》なんだ
犬界《いぬかい》の剣闘士《けんとうし》！　勇敢《ゆうかん》で情熱《じょうねつ》はあるけど自分《じぶん》から攻撃《こうげき》をすることはない紳士《しんし》タイプで全体《ぜんたい》パワーが100だとしたら攻撃力《こうげきりょく》20、防御力《ぼうぎょりょく》80ってところかな
反撃《はんげき》に出《で》ると強《つよ》いんだ
闘犬《とうけん》が廃止《はいし》されてから闘争心《とうそうしん》は抑《おさ》えられているけれどとても活動的《かつどうてき》でHP《ヒットポイント》…あ、体力《たいりょく》があるから毎日《まいにち》の散歩《さんぽ》は必須《ひっす》…
イキイキ

翔《しょう》! ストップ
ポン
熱意《ねつい》は わかったから
家《いえ》に帰《かえ》って お父《とう》さんを説得《せっとく》しなきゃね
くーん…
ぼくらはお父《とう》さんに ブルテリアの魅力《みりょく》を 語《かた》り
分担表《ぶんたんひょう》
エサ しょう あかね
さんぽ しょう しょう
あかね しょう
あかね
世話《せわ》の仕方《しかた》と分担《ぶんたん》を 表《ひょう》にまとめ
算数《さんすう》
ブルテリア
毎日《まいにち》家庭学習《かていがくしゅう》を 一時間《いちじかん》やることを 約束《やくそく》した
ぼくらが出会《であ》ったのは きっと運命《うんめい》だから――
そして ついに
ようこそ ジョイ!
ブルテリアの 「ジョイ」は わが家《や》の一員《いちいん》になった

ワクチンをすべて終《お》え
獣医《じゅうい》さんからジョイの外出許可《がいしゅつきょか》が出《で》た
朝《あさ》の散歩係《さんぽがかり》はもちろんぼくだ！
きゅっ
こんなに暑《あつ》いのにマウンテンパーカー着《き》ていくの？
うん！だって
「ぼく街《まち》」の主人公《しゅじんこう》と同《おな》じかっこうなんだ！
ジョイー！行《い》くぞ！
リアル「ぼく街《まち》クエスト」プレイ開始《かいし》だ！
ワン！
気《き》をつけるのよ～
ハーイ

遊《あそ》びなれた公園《こうえん》もジョイといっしょだとちがって見《み》える――
よし公園《こうえん》エリアについたぞ！
まずはマップを確認《かくにん》だ！
たくさんの町民《ちょうみん》がいるな敵《てき》もいるかもしれない…
キョロキョロ
ワン
油断《ゆだん》するなよ…
サラ…
ん？
あのコ…
すごくかわいい…！
よし！
あのコをヒロインのレイラ姫《ひめ》と名《な》づけよう
ジョイ!?
ダッ

はー
ぜーぜーっ
ちょっ
ジョイ…!!
待《ま》って…!!
ぴょん
クンクン
ぜーっ
はーっ
ゴクリ…
くんくん
も…
もしかして
「レアアイテム」
発見《はっけん》か!?
ぜー。
ジョ～～ッ
ズルッ
ぴょこっ
ぴょこっ
えっ
ドタドタ
今度《こんど》こそ何《なに》か見《み》つけたのか!?
ぴょんっ
ビショ～
ただいま…
わっ!?
すっごい汗《あせ》…
びくっ

茜《あかね》…これはな…
お兄《にい》ちゃんとジョイの…
冒険《クエスト》なんだよ…
はーっ
ぜーっ
ぜーっ
冒険《ぼうけん》セーブの書《しょ》
6月1日
朝《あさ》 32分《ふん》
散歩《さんぽ》した！
キュ
翌朝《よくあさ》
あのおじさんは武器屋《ぶきや》の店主《てんしゅ》…
あの人《ひと》は回復宿《かいふくやど》の女将《おかみ》…
むこうには…
ブツブツ
ん？
ぎゃっ!!
びくっ
うげっ気持《きも》ちわる！
ゲコ
「カエルーン」が現《あらわ》れた!!
ゲコ

う…っ
ぴょんっ
♪
ちょっ
ジョイ!?
ぴくっ
ゲコゲコ〜
ピョコ
?
…っ
ドキドキ
すげー!ジョイ!!
ぎゅっ
敵《てき》は消《き》えたぞー!
お〜っ!
オレたちは「勇気玉《ゆうきだま》」を手《て》に入《い》れた!
ワンッ
リアル「ぼく街《まち》クエスト」は最高《さいこう》に楽《たの》しい!
たまには寝《ね》ぼうしちゃうこともあるけどね(汗《あせ》)
ただいまーっ!!
ジョイごめんな〜

ごめん
待《ま》ってたよな〜
よしっ
行《い》こうか！
わんっ
今日《きょう》は橋《はし》を
渡《わた》るぞ！
ぐいっ
…ジョイ？
橋《はし》が
こわいのか？
く〜ん…
しょうが
ないな…
ここはもう少《すこ》し
「レベル」が上《あ》がって
からだな
ドタドタ
ふー…
ぴょこ
♪
くん
くん
ガサッ
？
おい
それなんだ？
誰《だれ》かの
落《お》とし物《もの》かな？
くるっ
…そうだ！
交番《こうばん》

ジョイ でかしたぞ！
落《お》とし物《もの》を 届《とど》けたことにより オレたちは 「ボーナスポイント」を もらった！
たっ
きっといいことが あるぞ〜♪
お兄《にい》ちゃん！ さっき交番《こうばん》から 出《で》てくるところ 見《み》たけど
何《なに》か 悪《わる》いこと したの⁉
悪《わる》いことって… 落《お》とし物《もの》を 届《とど》けたんだよ
な〜んだ
何《なに》ひろったの？
キーホルダー
ジョイが発見《はっけん》したんだ！
ピクッ
え‼ すごーい‼
ジョイ！ えらいね〜！
ぎゅっ

リアル「ぼく街《まち》クエスト」の経験値《けいけんち》がどんどん上《あ》がっていく――
ぴょーん
はぁ はぁ
ドタ ドタ
6月9日 32分
40分
6月13日 35分
6月14日 31分
ドキドキ
40分
6月29日 30分
6月30日 35分
7月2日 32分
7月3日 30分
ゴク…
魔法《まほう》をかけられてしまったのか…おれたちも気《き》をつけよう
?
あっ ジョイ
ぐいっ ぐいっ
そっちは橋《はし》が…

たん
ダッ
ジョイが
渡《わた》った…！
ついこの間《あいだ》まで
渡《わた》れなかった橋《はし》を
はっ
はっ
いまはこんなに
かんたんに
渡《わた》ってる――…
ぼくは苦手《にがて》な
ことから逃《に》げて
好《す》きなこと
ばかり…
あー
わかんねぇから
いっか…
ぼくも
成長《せいちょう》しなきゃ
ジョイに負《ま》けて
いられないな！
ワン！
ジョイ
「レベルアップ」
したな！

冒険《クエスト》をはじめて
3か月《げつ》がたった――
きゅっ
よし
だっ
行《い》ってきます!
たたっ
おすわりー
ジョイ~
「元気玉《げんきだま》」だぞ~
あの…
はい?

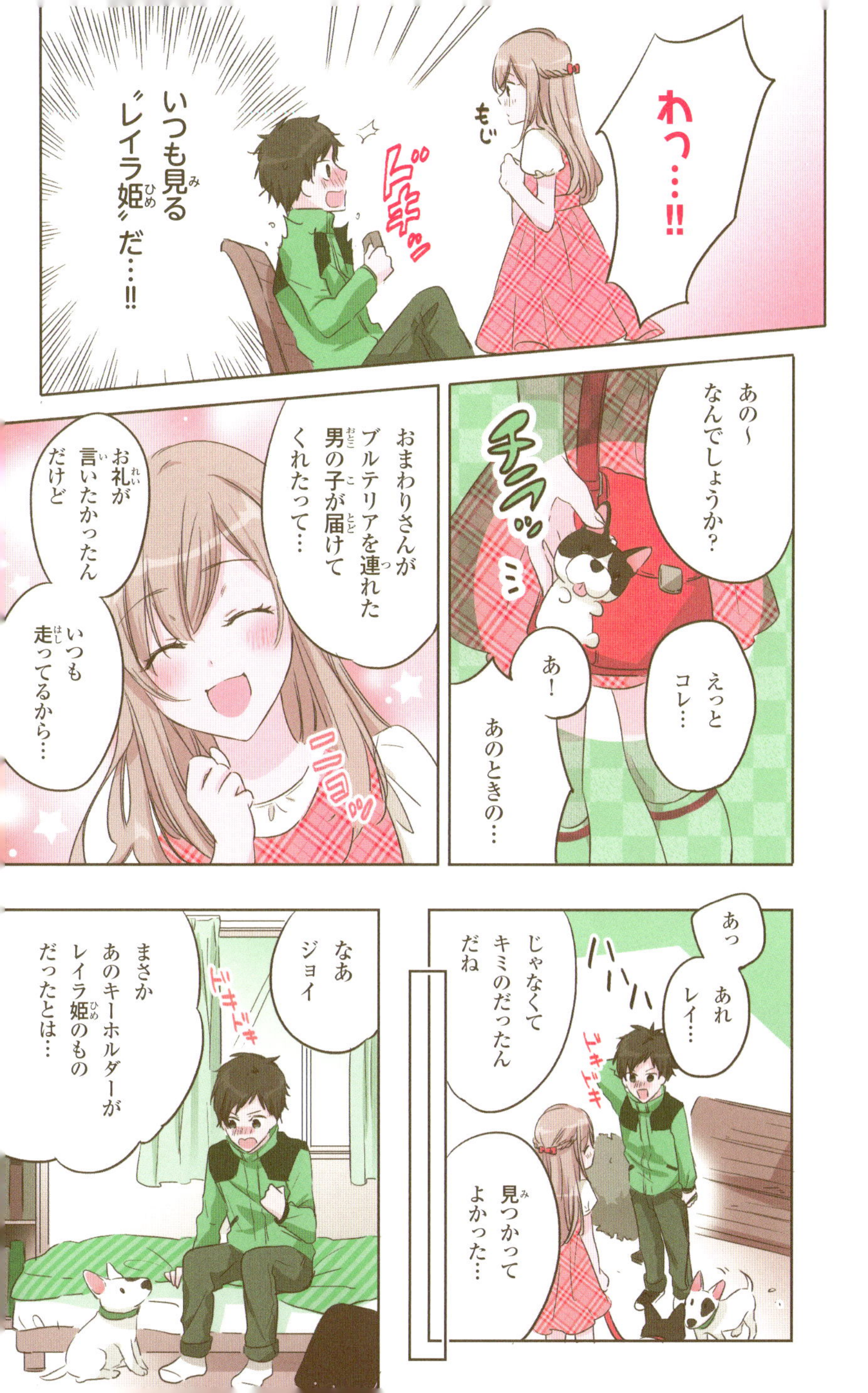
わっ…!!
もじ
ドキッ
いつも見《み》る
“レイラ姫《ひめ》”だ…!!
あの〜
なんでしょうか?
チラッ
ミ
えっと
コレ…
あ!
あのときの…
おまわりさんが
ブルテリアを連《つ》れた
男《おとこ》の子《こ》が届《とど》けて
くれたって…
お礼《れい》が
言《い》いたかったん
だけど
いつも
走《はし》ってるから…
ニコッ
あっ
あれ
レイ…
ハハハ
じゃなくて
キミのだったん
だね
ドキドキ
見《み》つかって
よかった…
なあ
ジョイ
ドキドキ
まさか
あのキーホルダーが
レイラ姫《ひめ》のもの
だったとは…

ジョイが来《き》てから
オレの世界《せかい》が
どんどん変《か》わってる！
ぎゅっ
ありがとな
ジョイ!!
ぺろっ
翌朝《よくあさ》
すー…
はーっ
ジョイ行《い》くよ
ワン!
あの！
いっ
いっしょに…
公園《こうえん》
まわりませんか?
ぼくらの冒険《クエスト》は
はじまったばかり…
「クリア」は
まだまだ
先《さき》だ！

第《だい》6話《わ》 みんな家族《かぞく》

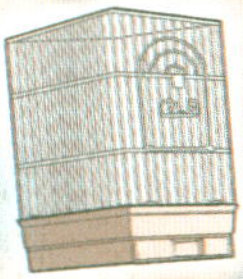

ペットは大切《たいせつ》な家族《かぞく》の一員《いちいん》。

命《いのち》のある限《かぎ》り、最後《さいご》までいっしょに過《す》ごしたいけど──。

真子《まこ》 良太《りょうた》
待《ま》ってたよ
きいちゃんと遊《あそ》ぶー！
コンニチハ！
このコは オウムのきいちゃん
きいちゃん 真子《まこ》だよ！
良太《りょうた》だよ！

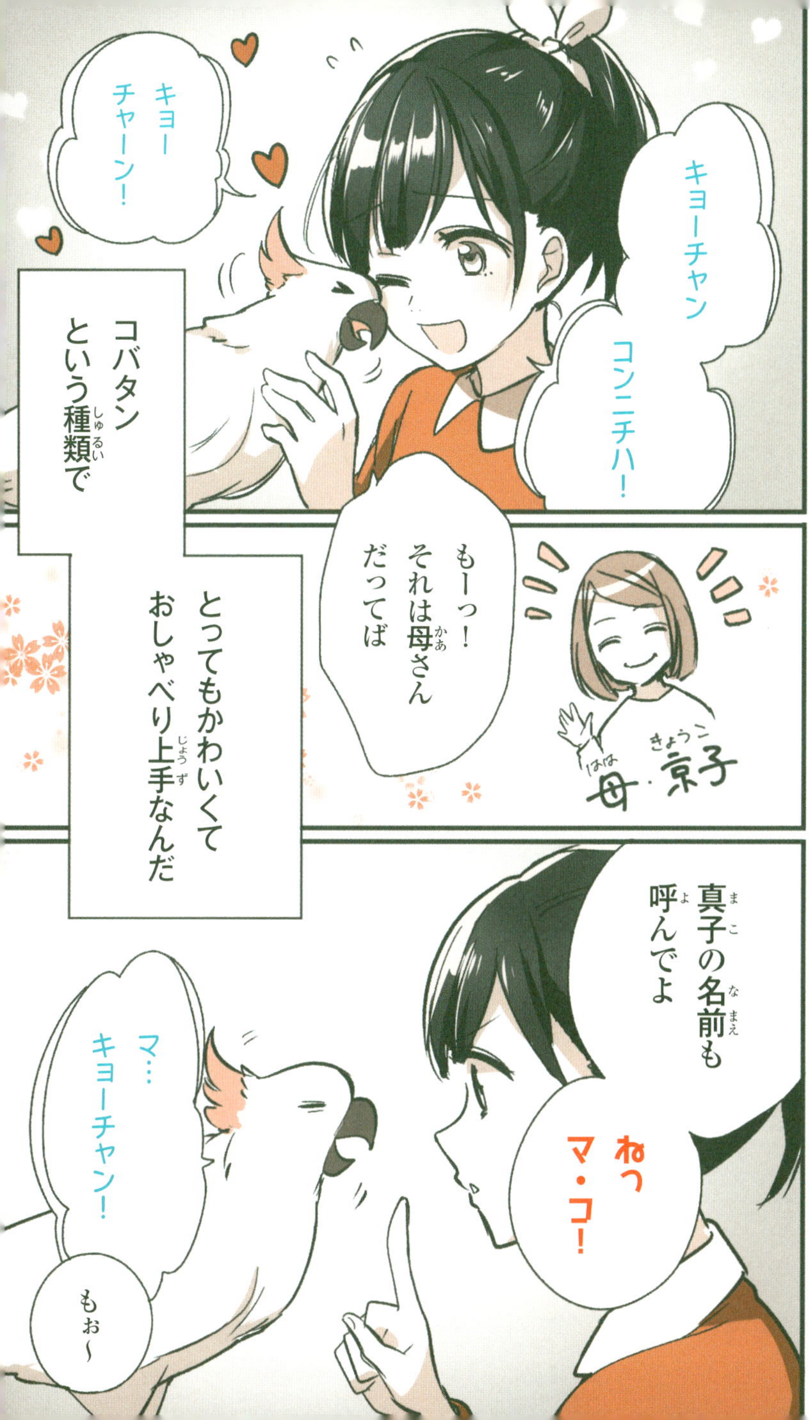
キョーチャン コンニチハ！
キョー チャーン！
コバタン という種類《しゅるい》で
もーっ！ それは母《かあ》さん だってば
母《はは》・京子《きょうこ》
とってもかわいくて おしゃべり上手《じょうず》なんだ
真子《まこ》の名前《なまえ》も 呼《よ》んでよ
ねっ マ・コ！
マ… キョーチャン！
もぉ～

友《とも》だちに
「じいちゃんが大《おお》きな
オウムを飼《か》ってる」
っていうと
びっくり
されるけど
なんたって
きいちゃんは37歳《さい》だから
昔《むかし》はけっこう
飼《か》われていたみたい

わたしなんかより
ずーっと前《まえ》から
じいちゃんと
いるんだ

父《とう》さん
きいちゃんのごはん 棚《たな》に入《い》れておくね
いつも すまんなあ
街《まち》のペットショップは ここから遠《とお》いから
母《かあ》さんが 頼《たの》まれて
こうして 車《くるま》で 届《とど》けてるんだ
キョーチャン
母《かあ》さんは きいちゃんと育《そだ》ったから お世話《せわ》はお手《て》のものだ

1980年《ねん》
ペットブーム――…
わあーっ
京子《きょうこ》5歳《さい》
かわいいっ
かしこい!

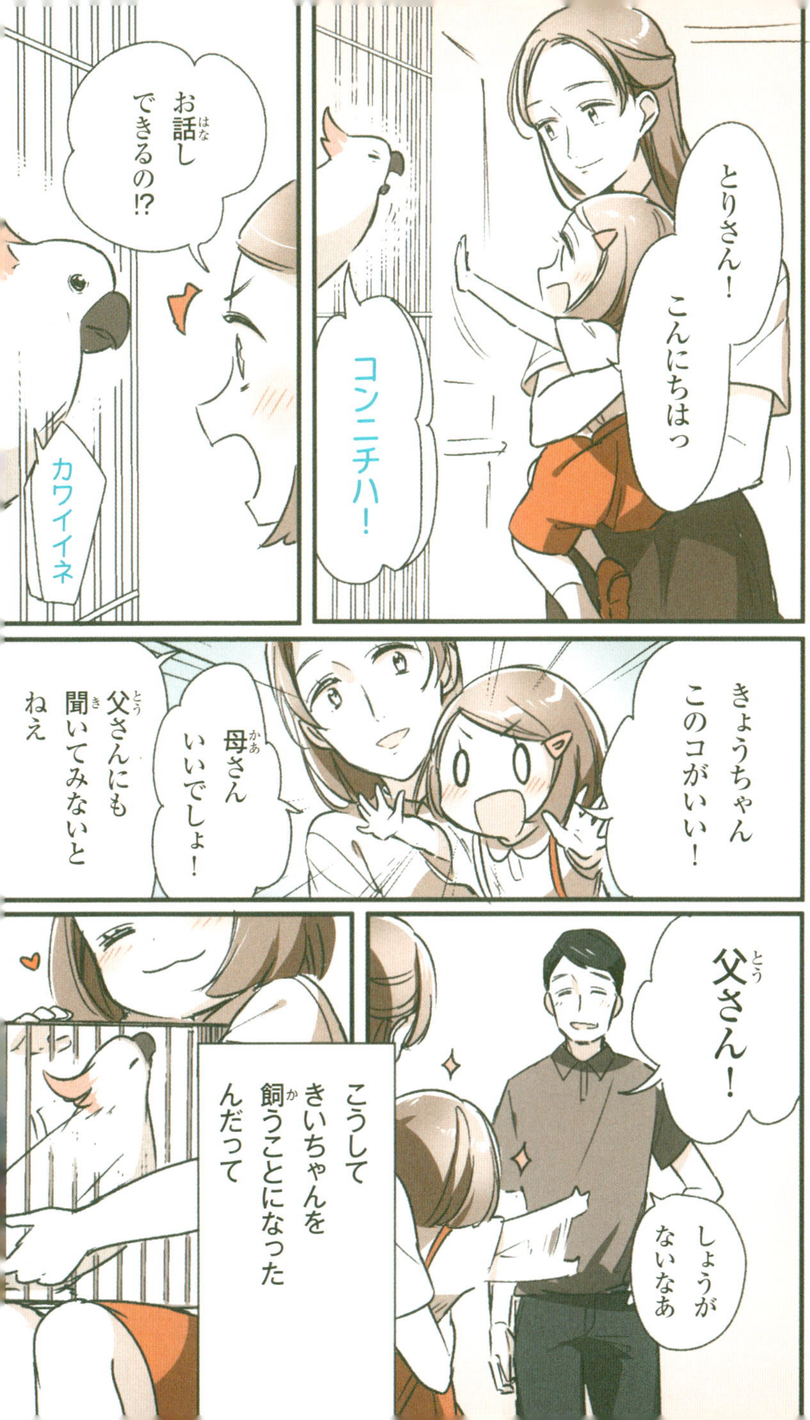

とりさん！こんにちはっ
コンニチハ！
お話《はな》しできるの!?
カワイイネ
きょうちゃんこのコがいい！
母《かあ》さんいいでしょ！
父《とう》さんにも聞《き》いてみないとねえ
父《とう》さん！
しょうがないなあ
こうしてきいちゃんを飼《か》うことになったんだって

お名前《なまえ》はきいちゃん!
きいちゃんだよ
コンニチハ
母《かあ》さんときいちゃんはきょうだいのようで
すごーい! ウルトラマンみたい!
きいちゃんもいっしょに入《はい》ろーっ
キョ〜チャン♪

それプリント！
ダメ！
母《かあ》さんは結婚《けっこん》して家《いえ》を出《で》たけれど
キョーチャンカワイイネ
きいちゃんはそれからもずっとじいちゃんの家《いえ》にいる

昔《むかし》を思《おも》い出《だ》すわ…
父《とう》さん少《すこ》しやせたんじゃない？
そうか？
ひとりだからってちゃんと食《た》べなきゃダメだよ
…さてふたりともそろそろ帰《かえ》るよ
そうだなぁ
えーっ

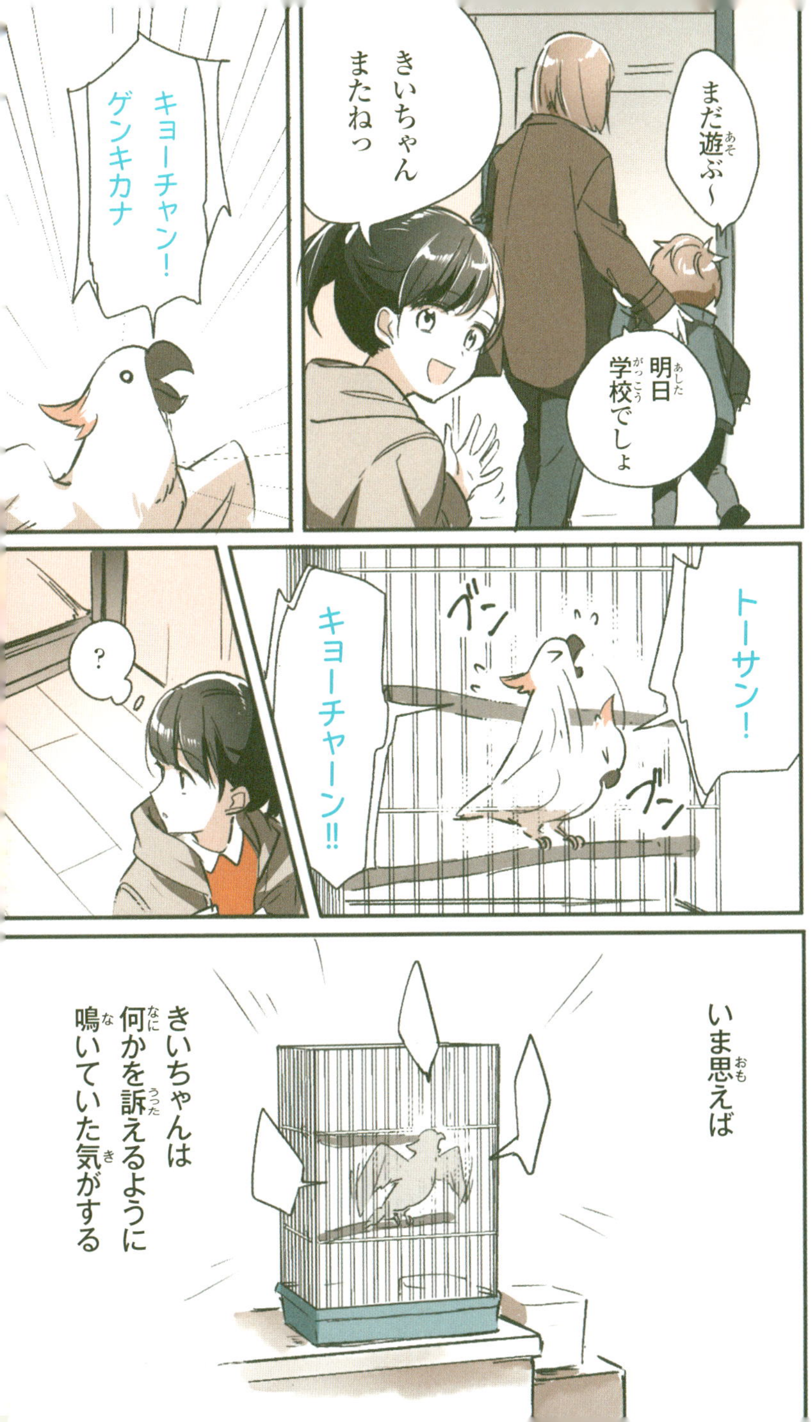
まだ遊《あそ》ぶ～
明日《あした》学校《がっこう》でしょ
きいちゃん またねっ
キョーチャン！ ゲンキカナ
トーサン！
ブン
キョーチャーン!!
ブン
？
いま思《おも》えば
きいちゃんは何《なに》かを訴《うった》えるように鳴《な》いていた気《き》がする

ある日《ひ》――
Prrr…
はい酒井《さかい》です
はい…そうです
はい…え？
そんな…
はい
はい わかりました すぐに向《む》かいます
なんの電話《でんわ》？
急《いそ》いで病院《びょういん》に行《い》くわよ
じいちゃんが倒《たお》れたって

総合病院
じいちゃん！
じいちゃん…！
じいちゃんは意識《いしき》がなくて
眠《ねむ》っているようだった

散歩中《さんぽちゅう》に
倒《たお》れているところを
近所《きんじょ》の人《ひと》に
発見《はっけん》されたらしい
入院《にゅういん》の準備《じゅんび》が
いるから
じいちゃんの家《いえ》に
行《い》くわよ
じいちゃんの家《いえ》…
そうだ
きいちゃんはいま
あの家《いえ》に
ひとりぼっちだ
ガラッ

わたしきいちゃん見《み》てくる！
バタ
バタ
きいちゃん！
あれ？
しん…
きいちゃんのケージが無《な》い…！

母《かあ》さんっ きいちゃんがいない!!
えっ
そんなわけ…
ほかの部屋《へや》も見《み》てみる!
きいちゃーん
ばあちゃん…
これ…手紙《てがみ》?
酒井京子様

母《かあ》さん！
じいちゃんの手紙《てがみ》！
「京子《きょうこ》へ」…
きいちゃんを鳥《とり》の施設《しせつ》へ
あずけました
真子《まこ》も良太《りょうた》もなついていたから
さみしがるかもしれないね
京子へ
きいちゃんを
預けました。

けど、父《とう》さんも
もう歳《とし》だ
引《ひ》き取《と》りは
はちょっと…
いつこの身《み》に
何《なに》が起《お》きるかも
わからない
コバタンで
とても頭《あたま》の
いいコです
突然《とつぜん》きいちゃんが
ひとりになるよりも
コバタン
あずかってもらったほうが
幸《しあわ》せだと思《おも》ったんだ

京子《きょうこ》が5歳《さい》のころ
きいちゃんを飼《か》いたいと
言《い》いだしたときは
こんなに長《なが》く人生《じんせい》を共《とも》にするなんて
考《かんが》えもしなかったが
母《かあ》さんがいて
京子《きょうこ》がいて
きいちゃんがいて
楽《たの》しかった
離《はな》れ離《ばな》れになっても
みんな家族《かぞく》だよ
父《とう》さん…
…うちにあずければよかったのに!!

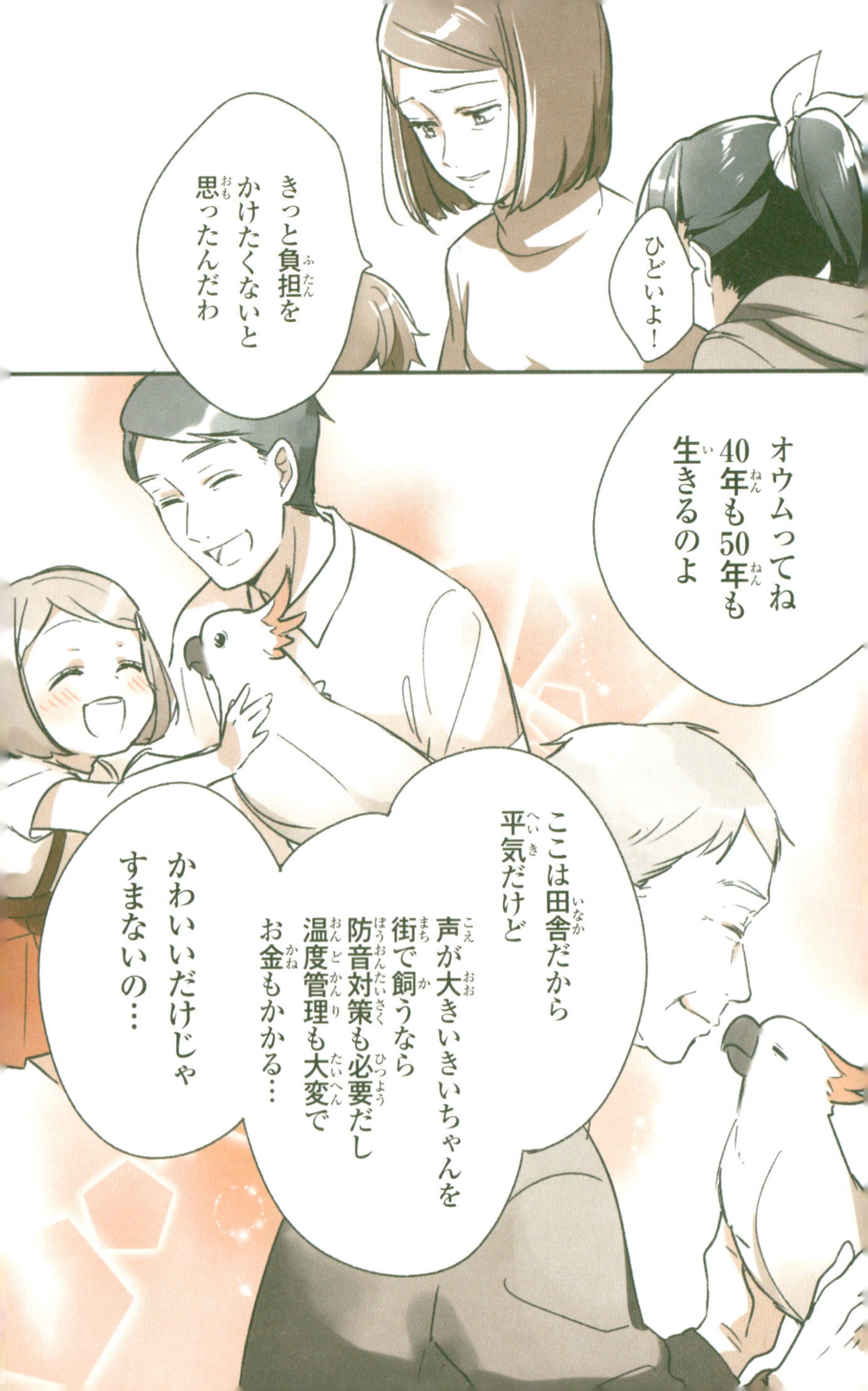
ひどいよ!
きっと負担《ふたん》をかけたくないと思《おも》ったんだわ
オウムってね40年《ねん》も50年《ねん》も生《い》きるのよ
ここは田舎《いなか》だから平気《へいき》だけど
声《こえ》が大《おお》きいきいちゃんを街《まち》で飼《か》うなら防音対策《ぼうおんたいさく》も必要《ひつよう》だし温度管理《おんどかんり》も大変《たいへん》でお金《かね》もかかる…
かわいいだけじゃすまないの…

ほどなくして
じいちゃんは
天国《てんごく》へ
行《い》ってしまった
空《そら》が
高《たか》いなあ

ねえきいちゃん
きいちゃんの背中《せなか》に乗《の》って天国《てんごく》のじいちゃんに会《あ》いに行《い》きたいね
じいちゃーん！
きいちゃん元気《げんき》だよーー！
あれから
父《とう》さんがきいちゃんのあずけ先《さき》を探《さが》し出《だ》してくれて
トーサン
わが家《や》できいちゃんを引《ひ》き取《と》ることになった

マコチャン ゲンキ！
い、今《いま》 名前《なまえ》よんだ!?
わたしの名前《なまえ》！
カワイイ マコーチャン！
キイチャン ゲンキ！

じいちゃんと
ばあちゃんが
大事《だいじ》に育《そだ》てた
きいちゃん

これからも
いっしょに生《い》きていく
ずっと――…

第《だい》7話《わ》

キミに誓《ちか》う

「ごめんな。オレのせいで……」。後悔《こうかい》から始《はじ》まったキミとのキズナ。

「オーライ、オーライ、ストーップ！」

オレはガソリンスタンドに入《はい》ってきた車《くるま》を給油《きゅうゆ》スペースに誘導《ゆうどう》し、給油《きゅうゆ》のあいださっと窓《まど》ガラスをふいた。

ガソリンスタンドのバイトをはじめて半年《はんとし》。最近《さいきん》はなれて、少《すこ》し手《て》を抜《ぬ》くことを覚《おぼ》えた。きちんとやっても、手《て》を抜《ぬ》いても、もらえるバイト料《りょう》は同《おな》じ。だったら、少《すこ》しでも楽《らく》なほうがいい。

また車《くるま》が入《はい》ってきたので、誘導《ゆうどう》して運転席《うんてんせき》にかけよる。と、男性《だんせい》が右手《みぎて》をふった。

「いや、給油《きゅうゆ》じゃないんだ。エンジンルームにネコが入《はい》りこんでるから、取《と》り出《だ》してもらえないかな？」

「えっ、ネコですか?」
なんでネコがエンジンルームに?
オレはとまどいながら、車《くるま》のボンネットを開《あ》けた。
「ほら、あそこ」
男性客《だんせいきゃく》が指《さ》すほうを見《み》ると、縦横《じゅうおう》に走《はし》る管《くだ》やタンクのすきまに、茶色《ちゃいろ》い毛《け》が見《み》えた。
「ほんとだ……」
ミイミイ、か細《ぼそ》い声《こえ》が聞《き》こえる。
なんか、めんどうなことにまきこまれたな。
「車体下《しゃたいした》のアンダーカバーのすきまから入《はい》りこんだんだと思《おも》うんだけど、引《ひ》っ張《ぱ》り出《だ》せなくてさ」
男性客《だんせいきゃく》が言《い》った。

ほかのスタッフは忙《いそが》しそうに働《はたら》いている。
いったん手《て》を引《ひ》っこめて、子《こ》ネコが出《で》てくるのを待《ま》つ。
管《くだ》のすきまに手《て》を入《い》れて子《こ》ネコをつかもうとしたが、子《こ》ネコはおびえて奥《おく》に入《はい》った。
（オレがやるしかないのか……）
「ほら、おいで」
内心《ないしん》イライラしながら呼《よ》びかけていると、子《こ》ネコが管《くだ》のあいだから顔《かお》をのぞかせた。
オレは両手《りょうて》を管《くだ》のすきまに差《さ》し入《い》れ、子《こ》ネコの体《からだ》を引《ひ》っ張《ぱ》り上《あ》げた。
「ギャッ！」
子《こ》ネコが叫《さけ》び声《ごえ》をあげて、オレの腕《うで》から飛《と》び出《だ》した。転《ころ》げるように駆《か》けていき、ガソリンスタンドのすみでちぢこまる。
「あ……」
オレが子《こ》ネコに足《あし》を向《む》けると、男性客《だんせいきゃく》がほっとした声《こえ》で言《い》った。
「助《たす》かったよ。代金《だいきん》を事務所《じむしょ》で払《はら》ってくるから」

「あの…子《こ》ネコは……」
オレの問《と》いに、男性客《だんせいきゃく》は平然《へいぜん》と答《こた》えた。
「ノラネコなんだから、このまま放《ほお》っておけば、どこかへ行《い》くでしょ」
オレはまるくなっている子《こ》ネコに近寄《ちかよ》った。
「おい、だいじょうぶか?」
声《こえ》に反応《はんのう》して、子《こ》ネコはうっすら目《め》を開《あ》けたが、すぐに閉《と》じた。
事務室《じむしつ》から出《で》てきた店長《てんちょう》は、様子《ようす》のおかしいネコを見《み》るなり言《い》った。
「どこかケガしてるんじゃないか?」
オレは、ドキッとした。
もしかして、引《ひ》っ張《ぱ》り上《あ》げたとき、ケガをさせてしまったのかもしれない。

「あの、今日《きょう》は上《あ》がっていいでしょうか？　病院《びょういん》に連《つ》れて行《い》ってみます」

「ここ。しっぽを骨折《こっせつ》していますね」

獣医師《じゅういし》が、パソコン画面《がめん》に表《あらわ》れたレントゲン写真《しゃしん》を指《さ》した。

「しっぽは尾椎《びつい》という短《みじか》い骨《ほね》がいくつも連《つら》なってできているんです。ひとまず包帯《ほうたい》で患《かん》部《ぶ》を固定《こてい》して、様子《ようす》をみましょう。ただ、自力《じりき》でしっぽをあげられるようになればいいのですが、できないままだと、切断《せつだん》することになるかもしれません」

オレは息《いき》をのんだ。

「しっぽをあげられないと、排《はい》せつがしにくくなって不衛生《ふえいせい》になりますし、感覚《かんかく》がないためにケガをくり返《かえ》しやすくなるので」

獣医師《じゅういし》はカルテを見《み》てから、ケージにいる子《こ》ネコを見《み》た。

「ノラネコですか。里親《さとおや》を募集《ぼしゅう》しても、治療《ちりょう》が必要《ひつよう》な子《こ》はなかなか引《ひ》き取《と》ってもらえません。治療費《ちりょうひ》は安《やす》くないですからね。さて、どうしましょうか」

つまり、軽《かる》い同情《どうじょう》なら、ここで手《て》を引《ひ》いたほうがいいということか。
お客《きゃく》さんに子《こ》ネコを取《と》り出《だ》してほしいと言《い》われ、めんどうなことはさっさと終《お》えたいという気持《きも》ちで、子《こ》ネコを引《ひ》っ張《ぱ》りあげた。
自分《じぶん》のせいで、こいつはしっぽを失《うしな》うかもしれない。一生《いっしょう》、障《しょう》がいを負《お》うことになるかもしれないんだ――。
オレはぐっとこぶしをにぎりしめて、顔《かお》をあげた。
「自分《じぶん》が飼《か》います。治療《ちりょう》してやってください！」
獣医師《じゅういし》は言《い》った。
寒《さむ》い日《ひ》にあたたかい車《くるま》のエンジンルームにネコが入《はい》りこむのは、よくあることだ、と。
そのまま気《き》づかずにエンジンをかけてしまって、命《いのち》を落《お》とすネコもいるという。
「だから、ネコが生《い》きて出《で》てこられただけでも、運《うん》がよかったんだ。きみは、ネコの命《いのち》を救《すく》ったんだよ」

獣医師《じゅういし》の言葉《ことば》は、オレの気持《きも》ちを少《すこ》しだけ軽《かる》くした。
だけど、オレがもっと慎重《しんちょう》になっていたら、エンジンルームの知識《ちしき》があったら、ケガなんて負《お》わせることなく、助《たす》けることができたかもしれない。
つぎの日《ひ》から、SNS《※エスエヌエス》で注意《ちゅうい》を呼《よ》び掛《か》けるのがオレの日課《にっか》になった。
ひとりでも多《おお》くの人《ひと》に知《し》ってもらって、命《いのち》を落《お》とすネコを減《へ》らしたい。
そんなことで、罪《つみ》はつぐなえないとわかっているけど、なにもしないよりはマシだと思《おも》った。

子《こ》ネコは毛《け》の色《いろ》から「ちゃいろ」と名《な》づけた。
結局《けっきょく》しっぽはよくならず、手術《しゅじゅつ》で切断《せつだん》した。
ちゃいろはしっぽがないほかは、ふつうのネコと同《おな》じようにいたずらをしたり、あまえたりして、オレを親《おや》ネコのように慕《した》ってくれた。
オレは、そんなちゃいろが大好《だいす》きだった。少《すこ》しでも幸《しあわ》せにしたかった。

※インターネット上《じょう》でたくさんの人《ひと》と意見交換《いけんこうかん》できるWeb《ウェブ》サイト

ちゃいろがどう思《おも》っていたかはわからないけど、うちで十四年《じゅうよねん》を生《い》ききった。

高校卒業後《こうこうそつぎょうご》、オレは自動車整備士《じどうしゃせいびし》をめざす専門学校《せんもんがっこう》に入《はい》り、自動車整備《じどうしゃせいび》を仕事《しごと》にした。整備《せいび》は命《いのち》にかかわる重大《じゅうだい》な仕事《しごと》だ。ネジ一本《いっぽん》でもゆるんで落《お》ちたら、車《くるま》の制御《せいぎょ》がきかなくなり、事故《じこ》につながる可能性《かのうせい》がある。

ちゃいろがいなくなったいまでも、オレはあのときを思《おも》い出《だ》すと、つらくなる。

手《て》を抜《ぬ》かずにいたら……という後悔《こうかい》に、胸《むね》が締《し》めつけられるんだ。

だから、ちゃいろに誓《ちか》う――。

オレはもう後悔《こうかい》するような仕事《しごと》はしない。これからもずっと全力《ぜんりょく》で取《と》り組《く》むよ！

第《だい》8話《わ》 悲《かな》しみの向《む》こうに

偶然《ぐうぜん》が重《かさ》なり悲劇《ひげき》は起《お》こった――。

ウィッシュを想《おも》う気持《きも》ちはみんないっしょなのに……。

キミを想《おも》う

はじめまして
白石莉穂《しらいしりほ》といいます
西田はるか様
といいます。
を助けてほしく
白石 莉穂
西田《にしだ》先生《せんせい》のことを知《し》り
助《たす》けてほしくて
メールしました
西田《にしだ》はるか
（どうぶつセラピスト）
わたしは
ウィッシュが
歩《ある》けなくなるなんて
遅《おそ》くならないようにするのよ
お父さん今日早いみたいだから
わかってるって！
行《い》ってきまーす!!
思《おも》ってもいませんでした――……

ウィッシュは行《い》けないよー
もー 遅《おく》れちゃうっ
じゃあねっ
バタンッ
いってきまーす
その日《ひ》わたしは友《とも》だちと約束《やくそく》をしていてとても急《いそ》いでいました
ガチャンッ

ガリ
ガリ
ガリ
ウイッシユ？
お父《とう》さん帰《かえ》ってきたの？
ブロロロ…
お父《とう》さんは
いつもより帰《かえ》りが早《はや》く
お母《かあ》さんは夕飯《ゆうはん》のしたくで
手《て》がはなせませんでした
バタンッ

ウィッシュ 外《そと》に飛《と》び出《だ》してきたら危《あぶ》ないだろ
あっ こら…！
ハァ…
ハァ…
ウィッシュ！
マテ！
ここより先 立入禁止
あっ あそこは…！
ここより先 立入禁止
ウィッシュ 危《あぶ》ないから
入《はい》っちゃダメだ!!

じりっ
どこだ!?
キョロ
キョロ
ウィッシュ…
ガシャーン
ウィッシュ!!

ウィッシュ…？
どうしても治《なお》らないんでしょうか…？
森が丘動物病院

ウィッシュくんは…
左《ひだり》うしろあしの神経《しんけい》を損傷《そんしょう》していて
マヒしている状態《じょうたい》です
左《ひだり》うしろあしを動《うご》かすことは難《むずか》しいかもしれません
じ…じゃあウィッシュは
もう歩《ある》けないんですか!?
「左《ひだり》うしろあしを動《うご》かすことは難《むずか》しい」……
わたしは現実《げんじつ》を受《う》け入《い》れることができませんでした――…
反対《はんたい》のあしは回復《かいふく》してくれれば動《うご》かせるようになると思《おも》います
あとはリハビリで――…

ウィッシュは入院《にゅういん》となり
家《いえ》は暗《くら》く重《おも》い空気《くうき》で満《み》ちていました
お母《かあ》さん…ウィッシュすごく痛《いた》かったよね…
莉穂《りほ》…
ウィッシュ…
一週間後《いっしゅうかんご》――
退院《たいいん》したウィッシュが帰《かえ》ってきました
ウィッシュようやく帰《かえ》ってこられたね

お水《みず》取《と》ってくるから待《ま》っててね
ぴくっ
プル
プル
ウィッシュ…
ごめんね莉穂《りほ》が…
莉穂《りほ》のせいで…
ちがうわ
ドアを開《あ》けたのはお母《かあ》さんよ…
ふたりが悪《わる》いわけじゃない…
ウィッシュがお父《とう》さんの足元《あしもと》に来《き》たとき
ちゃんとつかまえていれば事故《じこ》は起《お》きなかったんだ

ハァ
いつまでもそんな顔《かお》しないで
少《すこ》しは笑《わら》ったらどうだ？
…!!
ウィッシュがこんなにつらそうなのに
笑《わら》ったりなんてできないよ!!
しばらくするとウィッシュの様子《ようす》が変《か》わりました
クーン
クーンクーンとつらそうに一晩中《ひとばんじゅう》鳴《な》き続《つづ》けるんです
クーン
クーン

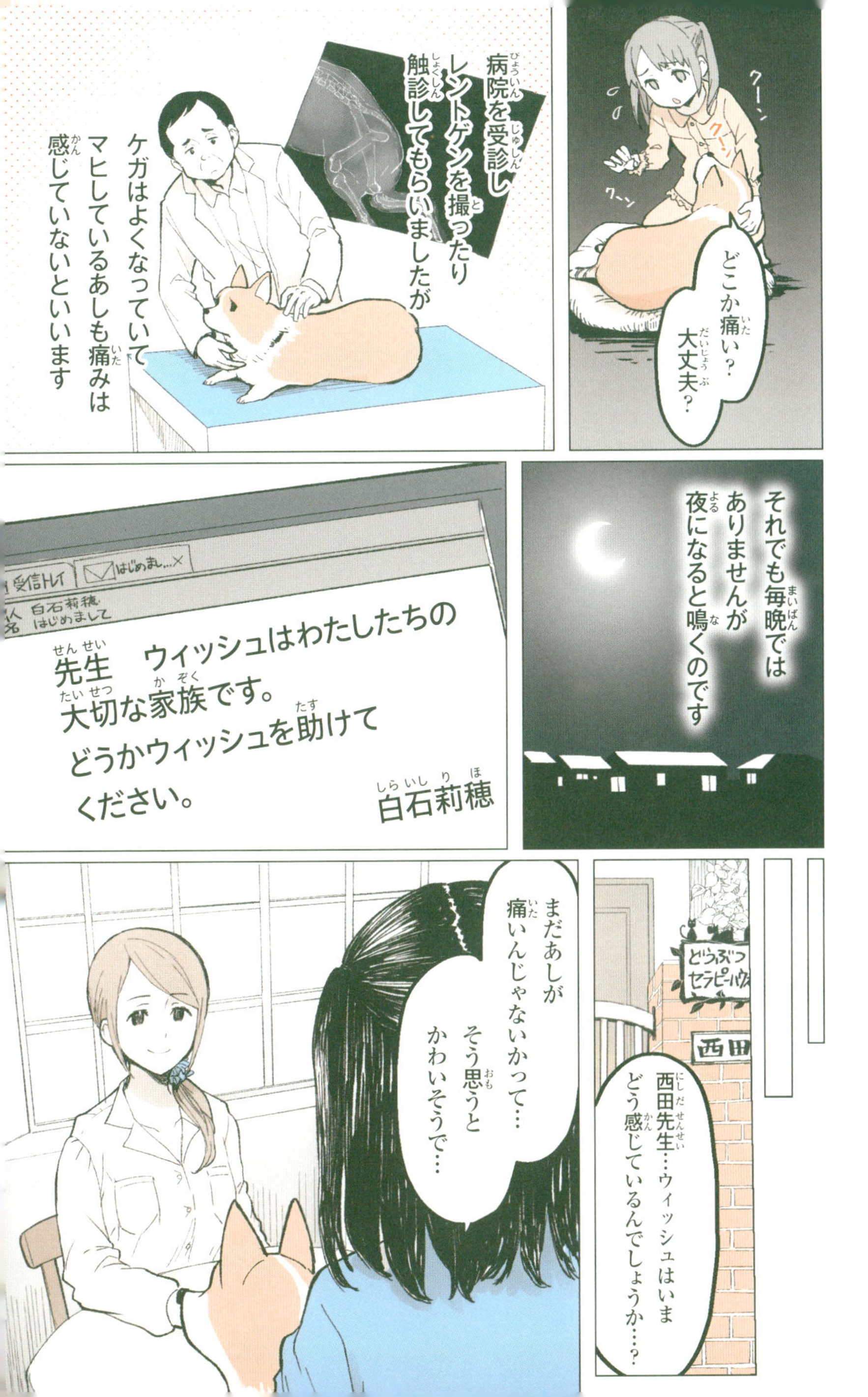
クーン
クーン
クーン
どこか痛《いた》い？大丈夫《だいじょうぶ》？
病院《びょういん》を受診《じゅしん》し レントゲンを撮《と》ったり 触診《しょくしん》してもらいましたが
ケガはよくなっていて マヒしているあしも痛《いた》みは 感《かん》じていないといいます
それでも毎晩《まいばん》ではありませんが 夜《よる》になると鳴《な》くのです
受信トレイ
はじめまし…×
白石莉穂
はじめまして
先生《せんせい》　ウィッシュはわたしたちの大切《たいせつ》な家族《かぞく》です。どうかウィッシュを助《たす》けてください。
白石莉穂《しらいしりほ》
どうぶつ セラピーハウ
西田
西田先生《にしだせんせい》…ウィッシュはいま どう感《かん》じているんでしょうか…？
まだあしが痛《いた》いんじゃないかって…
そう思《おも》うと かわいそうで…

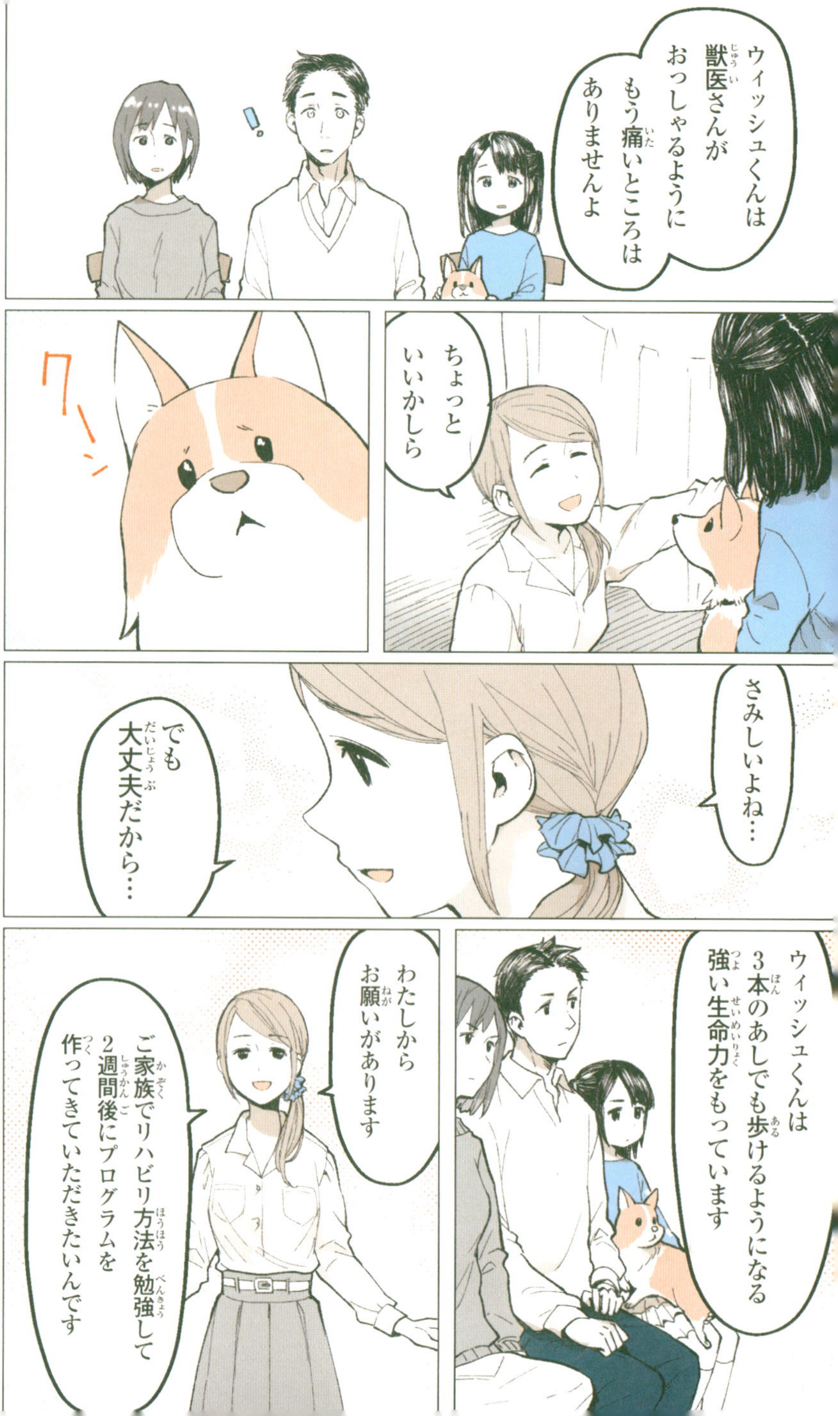
ウィッシュくんは獣医《じゅうい》さんがおっしゃるようにもう痛《いた》いところはありませんよ
ちょっといいかしら
さみしいよね…
でも大丈夫《だいじょうぶ》だから…
ウィッシュくんは3本《ぼん》のあしでも歩《ある》けるようになる強《つよ》い生命力《せいめいりょく》をもっています
わたしからお願《ねが》いがあります
ご家族《かぞく》でリハビリ方法《ほうほう》を勉強《べんきょう》して2週間後《しゅうかんご》にプログラムを作《つく》ってきていただきたいんです

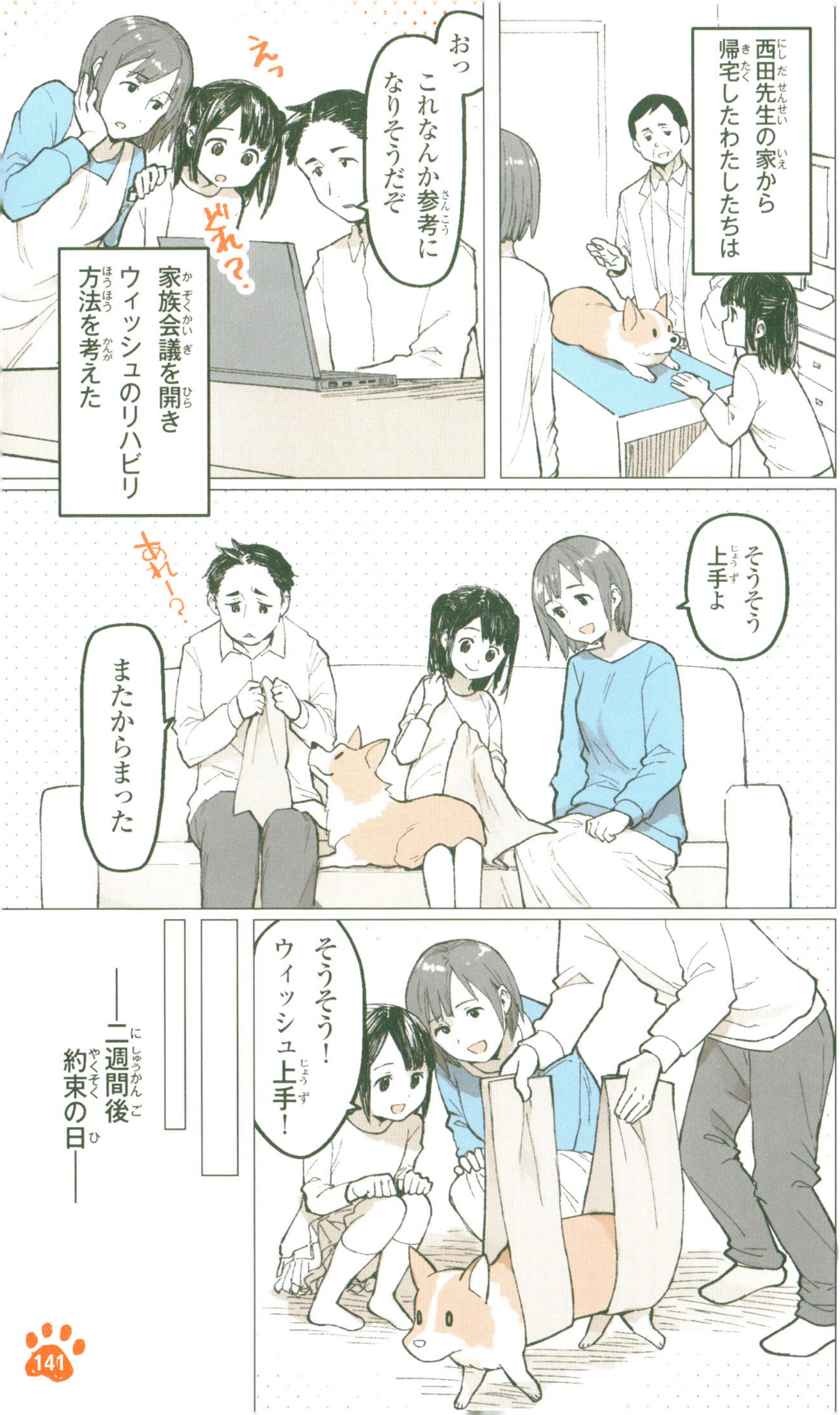
西田《にしだ》先生《せんせい》の家《いえ》から帰宅《きたく》したわたしたちは
おっ これなんか参考《さんこう》になりそうだぞ
えっ
どれ?
家族会議《かぞくかいぎ》を開《ひら》きウィッシュのリハビリ方法《ほうほう》を考《かんが》えた
そうそう上手《じょうず》よ
あれー?
またからまった
——二週間後《にしゅうかんご》約束《やくそく》の日《ひ》——
そうそう!ウィッシュ上手《じょうず》!

どうですか？ウィッシュくんの様子《ようす》は
夜鳴《よな》きしなくなりました
不思議《ふしぎ》なんですけどこの二《に》週間《しゅうかん》はまったく
ウィッシュくんの事故《じこ》…みなさんがご自身《じしん》を責《せ》めてしまう気持《きも》ちもよくわかります
偶然《ぐうぜん》が重《かさ》なって起《お》きてしまった悲《かな》しい事故《じこ》…
ウィッシュくんもまた自分《じぶん》のせいで家族《かぞく》の笑顔《えがお》をうばってしまっていたと悲《かな》しんでいました

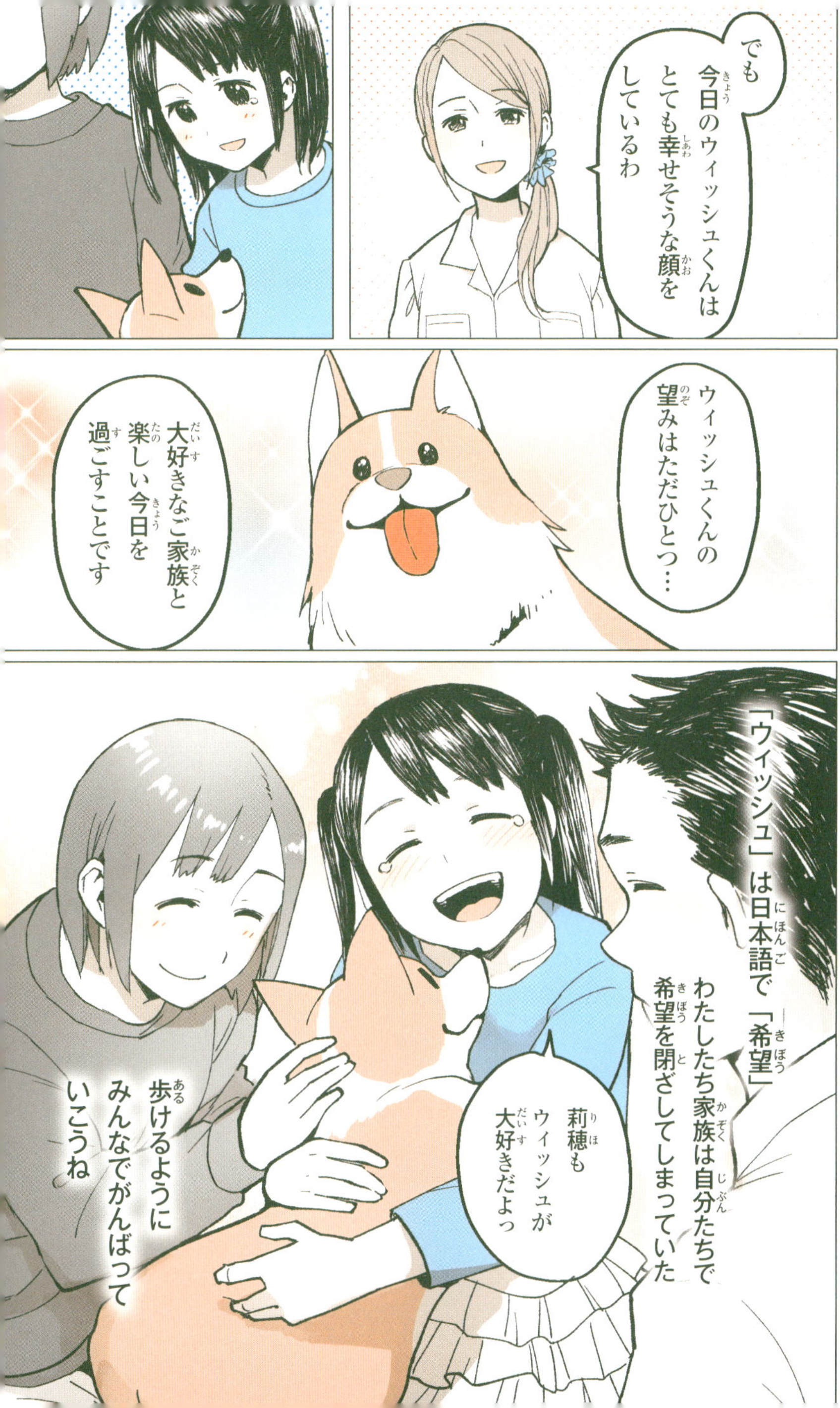
でも
今日《きょう》のウィッシュくんは
とても幸《しあわ》せそうな顔《かお》を
しているわ
ウィッシュくんの
望《のぞ》みはただひとつ…
大好《だいす》きなご家族《かぞく》と
楽《たの》しい今日《きょう》を
過《す》ごすことです
「ウィッシュ」は日本語《にほんご》で「希望《きぼう》」
わたしたち家族《かぞく》は自分《じぶん》たちで
希望《きぼう》を閉《と》ざしてしまっていた
莉穂《りほ》も
ウィッシュが
大好《だいす》きだよっ
歩《ある》けるように
みんなでがんばって
いこうね

小《ちい》さな命《いのち》をこの手《て》に抱《だ》いて
その重《おも》さに手《て》が震《ふる》えた
そのあたたかさに
ハートが高鳴《たかな》った
不思議《ふしぎ》だね
キミのいない世界《せかい》なんて
もう考《かんが》えられない——

第《だい》2章《しょう》

明《あ》日《す》への光《ひかり》

人《ひと》それぞれにどうぶつとの関《かか》わり方《かた》がある。
でも、たったひとつ同《おな》じなのは
どうぶつを愛《あい》する気持《きも》ち。
どうぶつとともに生《い》きる人々《ひとびと》の物語《ものがたり》。

第《だい》9話《わ》

それぞれの道《みち》

青空純物語《あおぞらじゅんものがたり》

立花先生《たちばなせんせい》の元《もと》を訪《おとず》れた純《じゅん》と壮太《そうた》。
お産《さん》で子犬《こいぬ》の命《いのち》を救《すく》った壮太《そうた》に、立花先生《たちばなせんせい》がかけた言葉《ことば》は…。

先日《せんじつ》は ありがとう ございました!!
ゴツッ
いでっ
直接《ちょくせつ》お礼《れい》を 言《い》いたいと…
無事《ぶじ》で よかったよ
ってえ～
じゃ 診察《しんさつ》 はじめようか

きちっ
本来《ほんらい》はね
母犬《ははいぬ》の飼《か》い主《ぬし》であるお友《とも》だちが
万一《まんいち》のリスクにも備《そな》えておくべきだったと思《おも》う
でもね
獣医《じゅうい》になれば毎日《まいにち》が命《いのち》と向《む》き合《あ》う連続《れんぞく》だから
あの経験《けいけん》はきみにとっては宝《たから》になると思《おも》うよ

お産《さん》の勉強《べんきょう》は しましたが
トラブルを 想定《そうてい》して いませんでした
友《とも》だちより 知識《ちしき》があると油断《ゆだん》 していました…
ギュ…
ぼく
もっと 勉強《べんきょう》して いい獣医《じゅうい》に なりたいです！

きみは どうぶつにとって 飼《か》い主《ぬし》さんにとって 希望《きぼう》の光《ひかり》 だよ
たくさん勉強《べんきょう》して まずは ここまで のぼっておいで
命《いのち》の現場《げんば》は きみを待《ま》ってるよ
はい…!!

先生《せんせい》!!
子犬《こいぬ》がきたら主治医《しゅじい》になってください!
ね!? ね!?
うっうん
て
ちっ近《ちか》くないかな桐山《きりやま》くん
ぷっ
立花先生《たちばなせんせい》ってかっこいいな
先生《せんせい》すごいもんね
わたしも尊敬《そんけい》してるんだ~
あはは わかるわかる

よーし! オレがんばるぞー!!
壮太《そうた》くん 声《こえ》おっきいー
あははは
一方《いっぽう》 立花先生《たちばなせんせい》
純《じゅん》ちゃん がんばって獣医《じゅうい》になるよ
応援《おうえん》してるよ 壮太《そうた》くん
ぷる ぷる ぷる ぷる
先生《せんせい》 さっきから おかしくない?
ごはん ぜんぜん すすんでないね…
ぷる ぷる ぷる ぷる ぷる
つぎの休日《きゅうじつ》 わたしは 図書館《としょかん》に 来《き》ていました
市立図書館

犬《いぬ》のお産《さん》…
犬《いぬ》のお産《さん》…
えーっと
——あの日《ひ》
お産《さん》に立《た》ち会《あ》わせてもらったのに
なんの役《やく》にも立《た》たなかった
おかしい
動《うご》かない
自分《じぶん》のことが恥《は》ずかしかった
息《いき》…してな…
クゥーン
クーン
クーン
クーン
なんで!?
クーン…
どうして!?
やだ…!!
純《じゅん》ちゃん!

先生《せんせい》に電話《でんわ》して!!
うっ うんっ
先生《せんせい》…
立花どうぶつ病院
03-61XX-18XX
先生《せんせい》…っ…
先生《せんせい》助《たす》けて…!!
ある程度《ていど》のことは学校《がっこう》で学《まな》んで知《し》っていたはずなのに何《なに》もできなかった
あ
犬の飼い方
正しい子犬のしつけ法
犬の繁殖
犬の病気辞
犬種標準百科
あの本《ほん》よさそう
あ
あれ
全然《ぜんぜん》届《とど》かない
ん〜…っ
ん〜〜っっ…
犬の繁殖

犬の飼い方
犬の繁殖
犬の病気
犬種標準
あれ？

これ?
犬の繁殖
先《せん》生《せい》!
しっ
ぱふっ

市立図書館
屋上庭園
10:00〜16:30
ベンチ空《あ》いてるかな
せ…先生《せんせい》も図書館《としょかん》に来《く》るんですね
ハハッそれってどういうこと?
だって
先生《せんせい》はなんでも知《し》ってるから…
知《し》らないことだらけだよ
犬の繁殖
『犬《いぬ》の繁殖《はんしょく》』?
犬の繁殖

――……
犬の繁殖
わたしも勉強《べんきょう》不足《ぶそく》だったなって…
あそこ座《すわ》ろっか
はい
先生《せんせい》はいつも全力《ぜんりょく》を尽《つ》くしてどうぶつと向《む》き合《あ》ってる
ぼくもまだまだだ
まあ青空《あおぞら》さんより長《なが》く生《い》きている分《ぶん》経験《けいけん》に成長《せいちょう》させてもらったところはあるけどね
あっ

わーっ
シマエナガ
ちゃん!
夏《なつ》と冬《ふゆ》で
全然《ぜんぜん》姿《すがた》がちがうん
ですよね!
おっ
さすがだね
前《まえ》に北海道旅行《ほっかいどうりょこう》に
行《い》ったときに見《み》まし…
はっ
何《なに》?
なっ
なんでも…っ
かわいい
ですよねっ

この前《まえ》 この写真家《しゃしんか》さんのドキュメントをテレビで見《み》たんだ
シマエナガちゃん
どうぶつと いろいろな向《む》き合《あ》い方《かた》が あるんだなって 感動《かんどう》してね
いまの獣医学《じゅういがく》があるのは
これまでたゆまぬ努力《どりょく》をされてきた たくさんの先生方《せんせいがた》のおかげだし
いまも世界中《せかいじゅう》で いろんな人《ひと》が それぞれの方法《ほうほう》で どうぶつたちと向《む》き合《あ》ってる
そういう方々《かたがた》の話《はなし》を知《し》るのは すごく刺激《しげき》になるよ

第《だい》10話《わ》

明日《あす》へ光《ひかり》

「かわいい！」を伝《つた》えたい

政治《せいじ》や事件《じけん》の真実《しんじつ》を伝《つた》える報道《ほうどう》カメラマンだった小原玲《おはられい》。
彼《かれ》がいま、ファインダーの先《さき》に見《み》つめるもの……。

フライデー編集部
フライデーの小原玲《おはられい》
あそこのスクープ大体《だいたい》あいつが撮《と》ってるんだぜ
戻《もど》りましたー
おつかれ
あっ小原《おはら》小原《おはら》っ
おまえさんの写真《しゃしん》のおかげで今月号《こんげつごう》の売《う》り上《あ》げすごいよ!
どうやったらあんなドンピシャな写真《しゃしん》が撮《と》れるんだ?
…
そんなの…
ニカッ
相手《あいて》がつぎにどう動《うご》くか先《さき》を読《よ》むんですよ

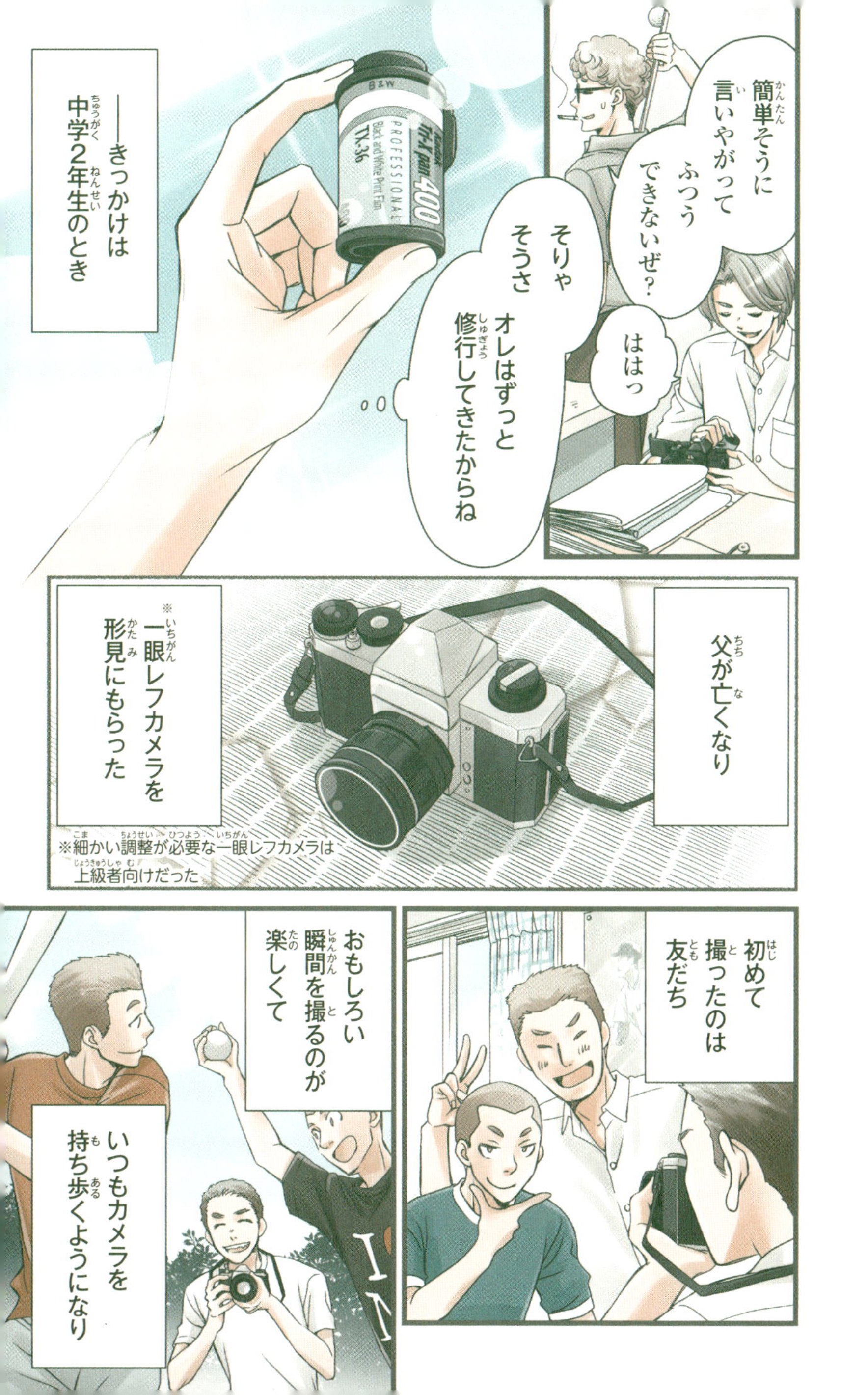
簡単《かんたん》そうに言《い》いやがって ふつうできないぜ？
ははっ
そりゃそうさ オレはずっと修行《しゅぎょう》してきたからね
B&W
Tri-X pan 400
PROFESSIONAL
Black and White Print Film
TX-36
——きっかけは中学《ちゅうがく》2年生《ねんせい》のとき
父《ちち》が亡《な》くなり
※一眼《いちがん》レフカメラを形見《かたみ》にもらった
※細《こま》かい調整《ちょうせい》が必要《ひつよう》な一眼《いちがん》レフカメラは上級者《じょうきゅうしゃ》向《む》けだった
初《はじ》めて撮《と》ったのは友《とも》だち
おもしろい瞬間《しゅんかん》を撮《と》るのが楽《たの》しくて
いつもカメラを持《も》ち歩《ある》くようになり

高校《こうこう》では卒業《そつぎょう》アルバムの写真《しゃしん》委員《いいん》として同級生《どうきゅうせい》を撮《と》りまくる日々《ひび》
やっぱカメラおもしろいなー！
プロのカメラマンって……
どうやったらなれるんだろう――…

——などとひそかな
夢《ゆめ》を抱《いだ》くようになり
やみくもに写真《しゃしん》やカメラの
本《ほん》や雑誌《ざっし》を読《よ》みまくった
この雑誌《ざっし》
もっと昔《むかし》の号《ごう》
ありますか
かしだし
へええ
こんな撮《と》り方《かた》も
あるのか
載《の》っていた
テクニックを
試《ため》してみては
自分《じぶん》で工夫《くふう》したり
試行錯誤《しこうさくご》を
重《かさ》ね
ウーン…
腕《うで》を磨《みが》き
オレを撮《と》れ!!
きこえてないよ。
いくつもの
コンテストで
受賞《じゅしょう》するようになる
第3回 高校生
フォトコンテスト
入賞作品発表!
小原 玲
そして
大学卒業後《だいがくそつぎょうご》——

カシャ
ベストポジション♪
カシ
創刊《そうかん》したばかりのフライデーのカメラマンとなった
人」三浦和義
とうとう逮捕
フライデーは政治《せいじ》や事件《じけん》など人々《ひとびと》が注目《ちゅうもく》するネタを写真《しゃしん》で見《み》せる雑誌《ざっし》だ
話題《わだい》のスクープを撮《と》ったのはほとんどオレだった

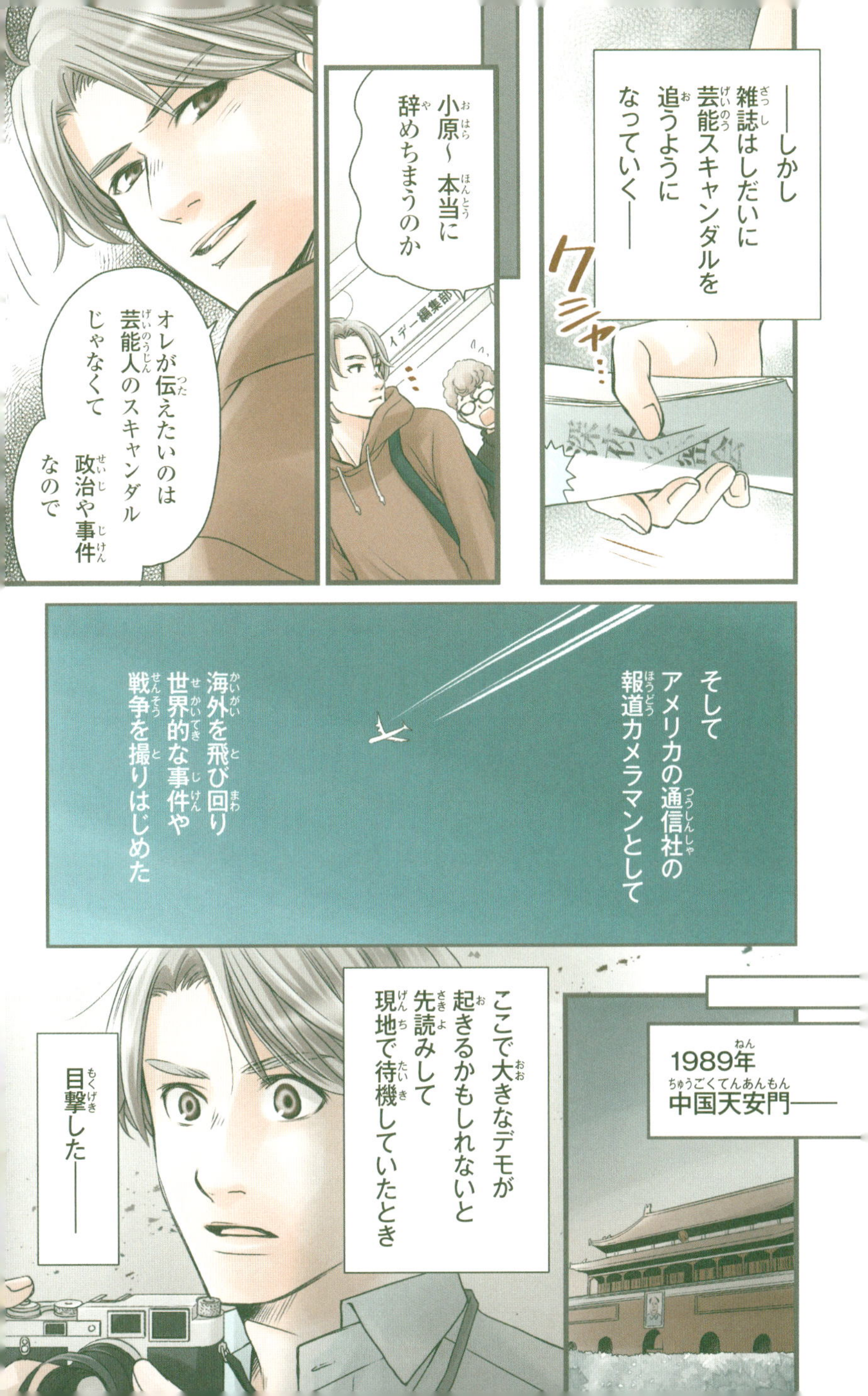
――しかし
雑誌《ざっし》はしだいに
芸能《げいのう》スキャンダルを
追《お》うようになっていく――
クシャ…
イデー編集部
小原《おはら》～ 本当《ほんとう》に辞《や》めちまうのか
…
オレが伝《つた》えたいのは
芸能人《げいのうじん》のスキャンダル
じゃなくて
政治《せいじ》や事件《じけん》
なので
そして
アメリカの通信社《つうしんしゃ》の
報道《ほうどう》カメラマンとして
海外《かいがい》を飛《と》び回《まわ》り
世界的《せかいてき》な事件《じけん》や
戦争《せんそう》を撮《と》りはじめた
1989年《ねん》
中国天安門《ちゅうごくてんあんもん》――
ここで大《おお》きなデモが
起《お》きるかもしれないと
先読《さきよ》みして
現地《げんち》で待機《たいき》していたとき
目撃《もくげき》した――

カシャ…
「天安門事件《てんあんもんじけん》」
※民主化《みんしゅか》を求《もと》めて集《あつ》まった学生《がくせい》を中心《ちゅうしん》とした約《やく》10万人《まんにん》のデモの瞬間《しゅんかん》をとらえたこの写真《しゃしん》は
アメリカの写真雑誌《しゃしんざっし》『LIFE《ライフ》』に掲載《けいさい》され
※国民《こくみん》が政治《せいじ》を行《おこな》う権利《けんり》をもつようになること
さらには『THE BEST OF LIFE《ザ ベスト オブ ライフ》』という『LIFE《ライフ》』総集号《そうしゅうごう》にも再掲載《さいけいさい》された
これはカメラマンにとってとても名誉《めいよ》なことだ
しかし
「学生《がくせい》たちが身《み》を盾《たて》にして戦車《せんしゃ》を止《と》めた」…？

ちがう…
手《て》をつないでいるのは戦車《せんしゃ》を止《と》めるためじゃない
学生《がくせい》たちのスローガンだった「非暴力《ひぼうりょく》」を貫《つらぬ》くため興奮《こうふん》した仲間《なかま》が戦車《せんしゃ》に飛《と》び出《だ》して暴力行為《ぼうりょくこうい》をしないように手《て》をつないでガードしていたんだ
オレが伝《つた》えたかったのはそうじゃない！
クシャ…
なぜ本当《ほんとう》のことが伝《つた》わらないんだ！

だが――
報道《ほうどう》カメラマンは通信社《つうしんしゃ》が求《もと》める写真《しゃしん》を撮《と》らねばならない――
…だったら撮《と》ってやるぜ…説得力《せっとくりょく》のある写真《しゃしん》を…!!
オレが見《み》た真実《しんじつ》が伝《つた》わる写真《しゃしん》を!!
戦場《せんじょう》や内戦《ないせん》の恐《おそ》ろしさを
人々《ひとびと》は飢《う》えやケガで苦《くる》しんでいる――…
やせた赤《あか》ん坊《ぼう》はいないかな――
キョロ
…
カシャ
よしこれだ!
カシャ
疲《つか》れ果《は》てた母親《ははおや》を
ケガをした子《こ》どもを

苦《くる》しみに満《み》ちた姿《すがた》はきっと見《み》た者《もの》の心《こころ》に訴《うった》える!——
はっ……
なに…… やってるんだオレは……
悲《かな》しくみえるものを探《さが》して撮《と》ってどうするんだよ……!!
オレの仕事《しごと》はここで起《お》きているありのままを伝《つた》えることなのに……!!
そんな迷走《めいそう》を続《つづ》けているころ
オレと同《おな》じく報道《ほうどう》カメラマンとして活躍《かつやく》していた彼女《かのじょ》が病気《びょうき》で入院《にゅういん》した
手術《しゅじゅつ》する ……だって!?

なんて声《こえ》をかけてやろうか…
総合病院
明日《あした》は手術《しゅじゅつ》で不安《ふあん》だろうに……
オレって無力《むりょく》だなあ
とほほ
カララ…
そ〜〜…
玲《れい》！
来《き》てくれたの？
おっ おう…
パタン
どうしたの
なんだ…元気《げんき》そうじゃん
うん！
なんかこれ見《み》てたらね
かわいいでしょ
アザラシの赤《あか》ちゃん
友《とも》だちにもらったの

あんまりかわいくてもーずっと見《み》てるの
ああ…いやされる…♡
そんなにか
わたしたちが撮《と》る写真《しゃしん》は人《ひと》を悲《かな》しませるだけなのに
こういう写真《しゃしん》は人《ひと》を和《なご》ませてくれるのね…
人《ひと》を和《なご》ませる写真《しゃしん》…か……
なあ退院《たいいん》したらアザラシの写真《しゃしん》を撮《と》りに行《い》かないか
わあ

かわいい〜!!
ずザーっ
!
ズズ・・
カシャ
きたきた
ズ・・
カシャ
ぼわん
!?
おいおいレンズがくもっちゃっただろー
アウー!
ああ
なんて
かわいいんだ
夢中《むちゅう》になって撮《と》った写真《しゃしん》は
写真集《しゃしんしゅう》になって大《だい》ヒット
HARP SEAL PUPS
アザラシの赤ちゃん

女性《じょせい》ファッション誌《し》にも掲載《けいさい》された——
あっ オレの撮《と》ったアザラシ…
ガタン
タタン…
ピッ
ス…
!!
切《き》り取《と》って大事《だいじ》にしてくれる人《ひと》がいるのか……!
いままで撮《と》ってきた報道写真《ほうどうしゃしん》はせいぜい3秒《びょう》も見《み》てもらえればいいほうだというのに
それがどうしたアザラシの写真《しゃしん》はあんなに大事《だいじ》にしてもらえる

写真《しゃしん》はオレが見《み》て感《かん》じたことを伝《つた》える術《すべ》だというのに
報道写真《ほうどうしゃしん》ではなかなか思《おも》うように伝《つた》わらなかった
でも「かわいい」は伝《つた》わった!
ストレートに伝《つた》わるんだ!!
その後彼女《あとかのじょ》とは別《べつ》の道《みち》を歩《あゆ》むことになったが
毎年冬《まいとしふゆ》になるとアザラシの赤《あか》ちゃんを撮《と》りにカナダへ足《あし》しげく通《かよ》った
ところが年々氷《ねんねんこおり》が溶《と》けて減《へ》っていく――
このままだとアザラシが子育《こそだ》てする場所《ばしょ》がなくなってしまう……

――そうして
十数年《じゅうすうねん》がたつ間《あいだ》に
家族《かぞく》に恵《めぐ》まれ
みんなで
アザラシを
見《み》にきた
わー!!
待《ま》てよ～
じーっ…
?
!?
ごろん
怖《こわ》いもの
知《し》らずだな!
アゥ
アウッ

へええ
氷《こおり》で遊《あそ》ぶのか！
オレたち大人《おとな》は
アザラシ以外《いがい》
目《め》もくれないのに
子《こ》どもは
つぎからつぎへと
新《あたら》しい遊《あそ》びを
見《み》つけて
好奇心《こうきしん》
いっぱいで——
——そうか
大切《たいせつ》なのは
好奇心《こうきしん》なんだ
どんなに
「戦争《せんそう》はやめよう」
「飢餓《きが》をなくそう」と
さけんでもなくならない
「自然《しぜん》を守《まも》ろう」と
訴《うった》えても地球温暖化《ちきゅうおんだんか》を
止《と》められない

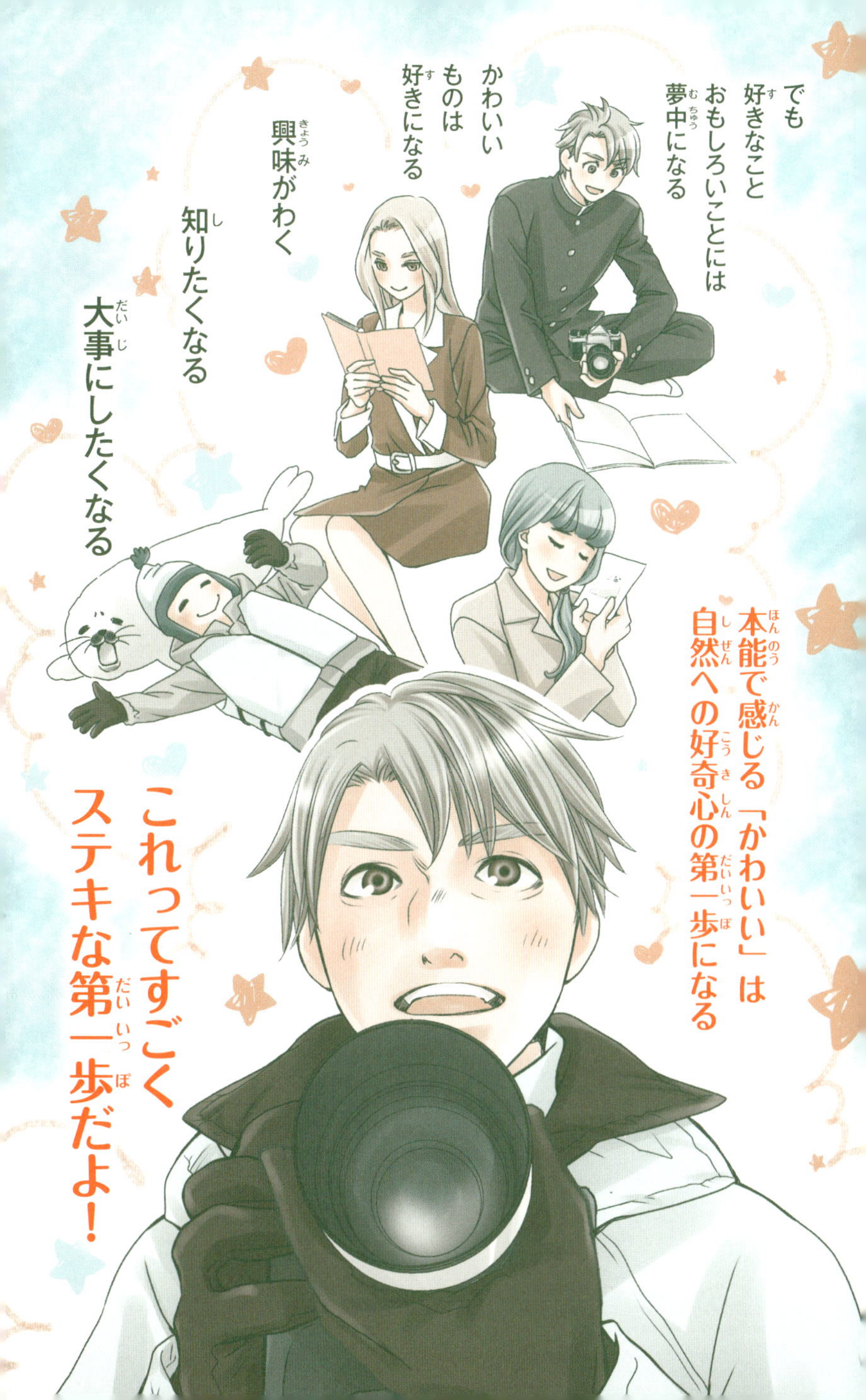
でも
好《す》きなこと
おもしろいことには
夢中《むちゅう》になる
かわいい
ものは
好《す》きになる
興味《きょうみ》がわく
知《し》りたくなる
大事《だいじ》にしたくなる
本能《ほんのう》で感《かん》じる「かわいい」は
自然《しぜん》への好奇心《こうきしん》の第一歩《だいいっぽ》になる
これってすごく
ステキな第一歩《だいいっぽ》だよ！

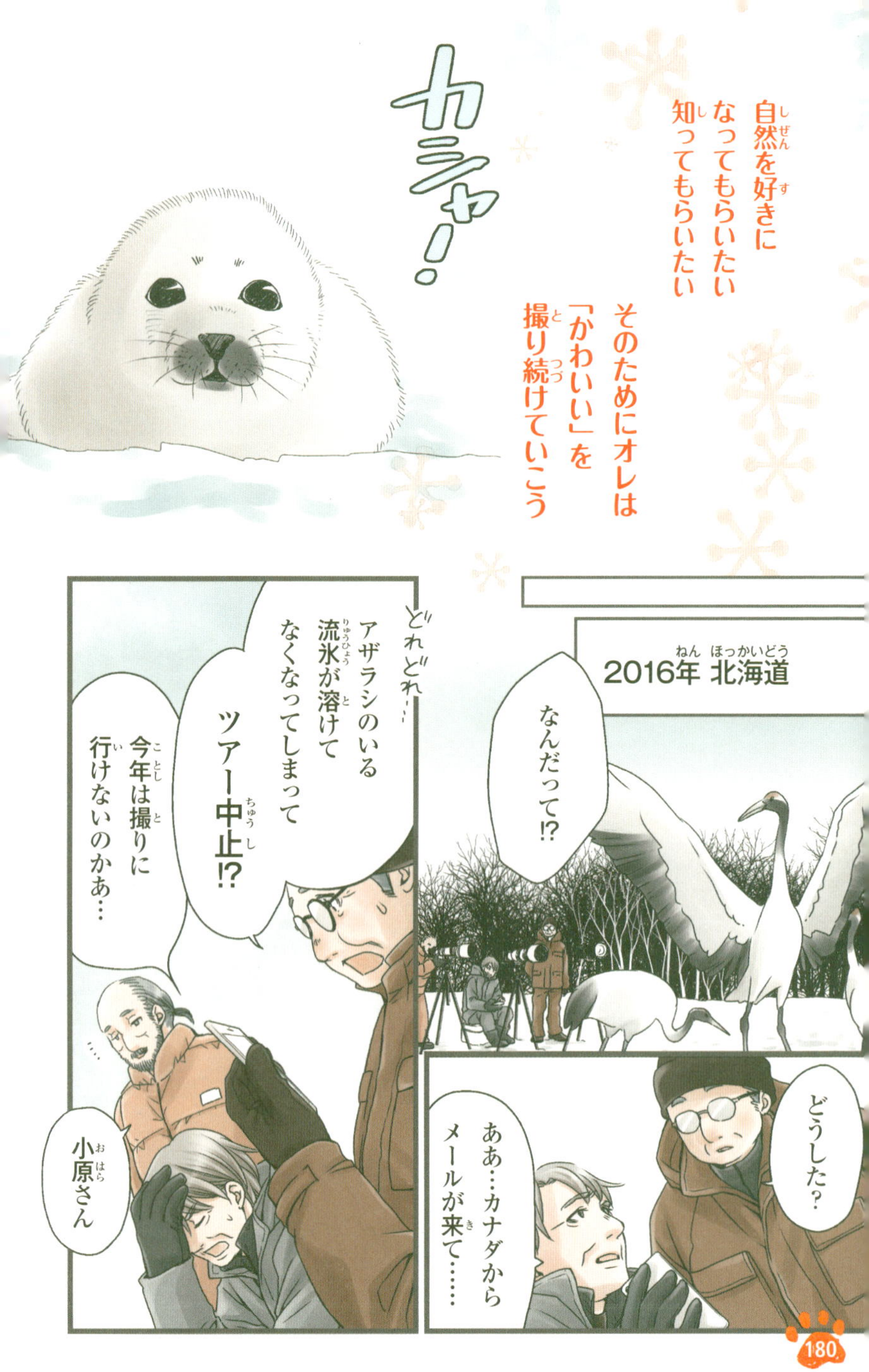
自然《しぜん》を好《す》きになってもらいたい
知《し》ってもらいたい
カシャ!
そのためにオレは「かわいい」を撮《と》り続《つづ》けていこう
2016年《ねん》 北海道《ほっかいどう》
なんだって!?
どうした?
ああ…カナダからメールが来《き》て……
どれどれ…
アザラシのいる流氷《りゅうひょう》が溶《と》けてなくなってしまってツアー中止《ちゅうし》!?
今年《ことし》は撮《と》りに行《い》けないのかあ…
…
小原《おはら》さん

代《か》わりになるか
わからないけど…
北海道《ほっかいどう》には
こんな小鳥《ことり》が
いるよ
撮《と》ってみない？、
！
かわいい！
シマエナガって
いうんだ
おおお
アザラシの
赤《あか》ちゃん
みたいな顔《かお》っ
おおお
よっしゃ！
こいつを
撮《と》りに行《い》くぞ!!
即決《そっけつ》!?
だっ！
早速《さっそく》
シマエナガを
撮《と》りまくった
オレは
チュルルル
そのかわいい
しぐさに
たちまち
夢中《むちゅう》になった

極寒《ごっかん》の雪中撮影《せっちゅうさつえい》も
まったく苦《く》にならない
シマエナガのことが知《し》りたくて
論文《ろんぶん》を読《よ》みあさっては
北海道《ほっかいどう》まで会《あ》いに行《い》く
やっぱり好《す》きなことには夢中《むちゅう》になっちゃうよな
好奇心《こうきしん》ってすごく大事《だいじ》だよなあ
そして——
シマエナガちゃん
小原玲
その年発表《としはっぴょう》した『シマエナガちゃん』は大《だい》ヒット
読者《どくしゃ》の手紙《てがみ》がこんなに……
うれしい…
どさっ!

「会社帰《かいしゃがえ》りに立《た》ち寄《よ》った本屋《ほんや》で
表紙《ひょうし》のかわいい写真《しゃしん》に惹《ひ》かれて
思《おも》わず買《か》ってしまいました」
新刊
「家事《かじ》の合間《あいま》に読《よ》めるように
テレビの横《よこ》に置《お》いていたら
いつのまにか子《こ》どもが
熱心《ねっしん》に読《よ》んでました」
「家族《かぞく》みんながすっかり
シマエナガちゃんの
とりこです」
よかった
伝《つた》わってる
そして翌年《よくねん》には続編《ぞくへん》
『もっとシマエナガ
ちゃん』を発表《はっぴょう》
もっと シマエナガちゃん
小原玲
写真撮影《しゃしんさつえい》の合間《あいま》をぬって
自然環境保護《しぜんかんきょうほご》をうったえる
講演活動《こうえんかつどう》を行《おこな》う日々《ひび》を
送《おく》っている
市立南小学校講演会
写真家 小原玲さん
――ぼくは写真《しゃしん》を撮《と》る
仕事《しごと》をしています

ぱっ
たとえばこんな写真《しゃしん》です
わあああっ
かわいいーっ!
みんなにも
“好《す》き”を見《み》つけて
ほしいんだ
オレは
カメラマンとして
これからも
「かわいい」を
伝《つた》えていく!
♪

ネコとの出会《であ》いで動《うご》き出《だ》した運命《うんめい》のストーリー
かわいそう…
だれが捨《す》てたの？
第《だい》11話《わ》
ある子《こ》ネコと女子高生《じょしこうせい》のお話《はなし》
琴花《ことか》にはよく見《み》る夢《ゆめ》がある。それは7年前《ねんまえ》のあの光景《こうけい》…。
でも わたし…
助《たす》けて あげられない
ごめんね…

ぱち…
また
あの夢《ゆめ》…
あれはわたしが
9歳《さい》のとき
近所《きんじょ》に
捨《す》てられていたネコを
わたしは助《たす》けることが
できなかった
保健所《ほけんじょ》に保護《ほご》される
ネコの多《おお》くは
引《ひ》き取《と》り手《て》がなく
処分《しょぶん》されてしまう…
琴花《ことか》～
学校《がっこう》遅《おく》れるわよ
はーい…

琴花《ことか》が見《み》る夢《ゆめ》のことだけど…
それって捨《す》てた人《ひと》が悪《わる》いと思《おも》うよ
でもわたしも見殺《みごろ》しにした…
ネコにとっては捨《す》てた人《ひと》と変《か》わらないよ
連《つ》れて帰《かえ》りたかったけど家《うち》はママがダメって言《い》うから…
はあ…
そっか～琴花《ことか》はやさしいからなあ
気《き》にしすぎちゃダメだよ～!
何《なに》か…できることはなかったのかな…

捨《す》てネコ…!
保健所《ほけんじょ》の人《ひと》が来《き》てる…
あのときと
…おなじ
里親《さとおや》が見《み》つからなければ殺処分《さつしょぶん》されてしまう…
わたしはまた何《なに》もできないまま?
ブロロロ…
そんなのイヤだ!!

ママ!!
どうしたの？ そんなに あわてて…
わたし
ネコの 里親《さとおや》になりたい!!
あら いいじゃない
え…？

いいの!?　本当《ほんとう》に!?
きちんとお世話《せわ》できるならね
でも小《ちい》さいころダメって…
ママネコが苦手《にがて》なんじゃないの?
ネコの平均寿命《へいきんじゅみょう》は14~15歳《さい》でしょ
よいしょ
お別《わか》れする日《ひ》がいつか必《かなら》ずくるわ それを考《かんが》えるとつらくて…
でも琴花《ことか》ももう子《こ》どもじゃない
命《いのち》に責任《せきにん》がもてるなら反対《はんたい》はしない

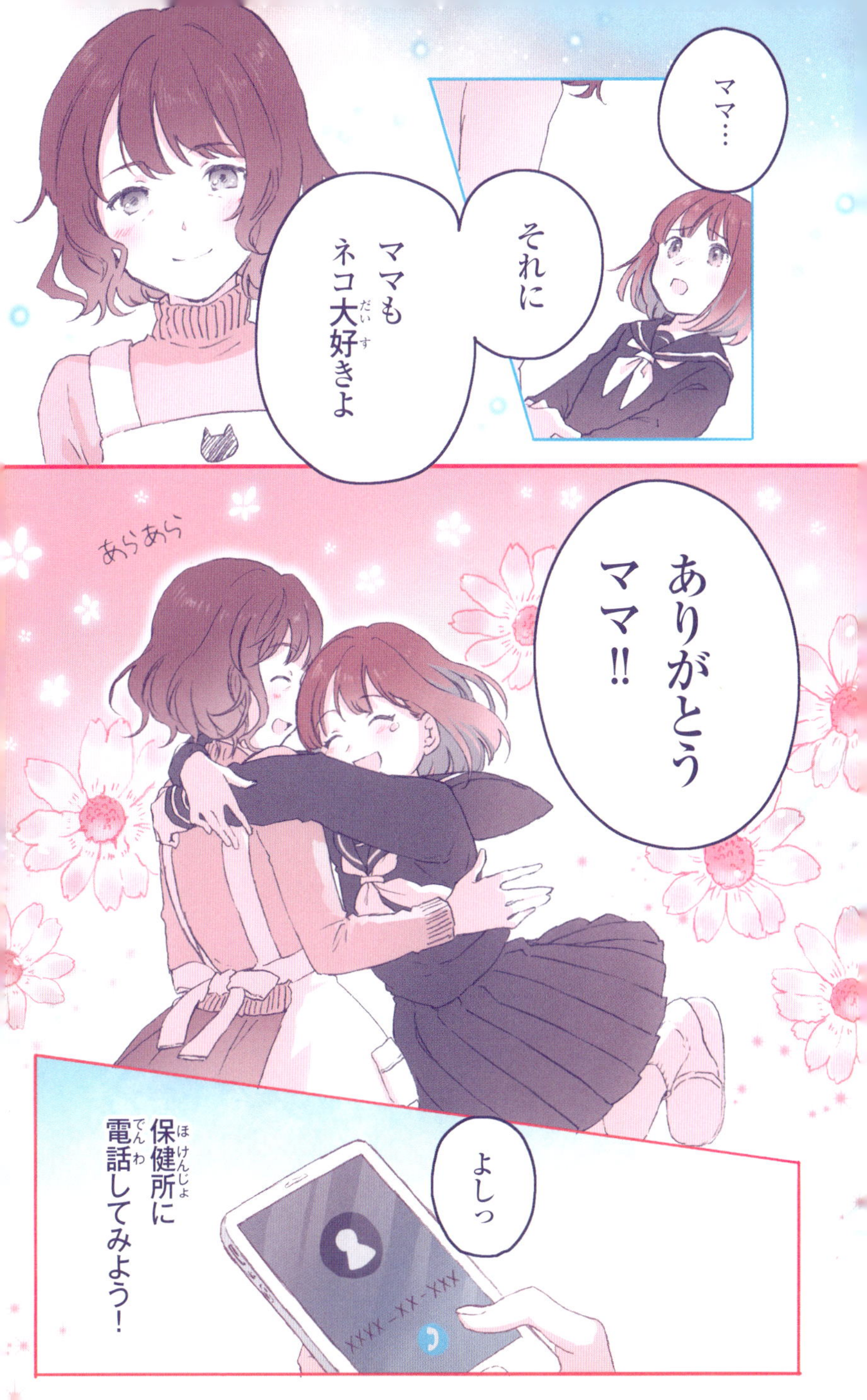
ママ…
それに
ママもネコ大好《だいす》きよ
ありがとうママ!!
あらあら
よしっ
保健所《ほけんじょ》に電話《でんわ》してみよう!

東大通《ひがしおおどお》りの路地裏《ろじうら》で保護《ほご》された子《こ》ネコがいると思《おも》うのですが…
はい…
えっ？引《ひ》き取《と》られたんですか？
飼《か》い主《ぬし》さんが決《き》まったということですか？
いえ
里親《さとおや》を見《み》つける活動《かつどう》をしている方《かた》がいてその方《かた》にお引《ひ》き取《と》りいただいたんです
里親《さとおや》――……あのその方《かた》の連絡先《れんらくさき》って…
お教《おし》えできますよ少《すこ》しお待《ま》ちください

会《あ》える！
週末《しゅうまつ》あの子《こ》ネコに…
待《ま》っててね…！
あのときにはもう
戻《もど》ることができないけど
いまのわたしに
できることを——
トントン

もうひとりじゃないよ
これからは楽《たの》しいことが
たくさん待《ま》ってる
わたしはあのコの
希望《きぼう》になるんだ——……!
第《だい》13話《わ》へ

第《だい》12話《わ》 明日《あす》への光《ひかり》

「生《い》きて」

国内《こくない》の水族館《すいぞくかん》から姿《すがた》を消《け》しつつあるラッコ。
そんななかひとつの命《いのち》が生《う》まれる──。

みなさん！
もうすぐ赤《あか》ちゃんが生《う》まれます！
あ！頭《あたま》見《み》えた！
1989年《ねん》日本《にほん》で初《はじ》めて展示《てんじ》されたラッコはおなかの上《うえ》で貝《かい》を割《わ》る愛《あい》らしい姿《すがた》から大人気《だいにんき》に
生《う》まれました！
全国《ぜんこく》の水族館《すいぞくかん》で飼育《しいく》されるようになりました
マリンがお母《かあ》さんになった…！

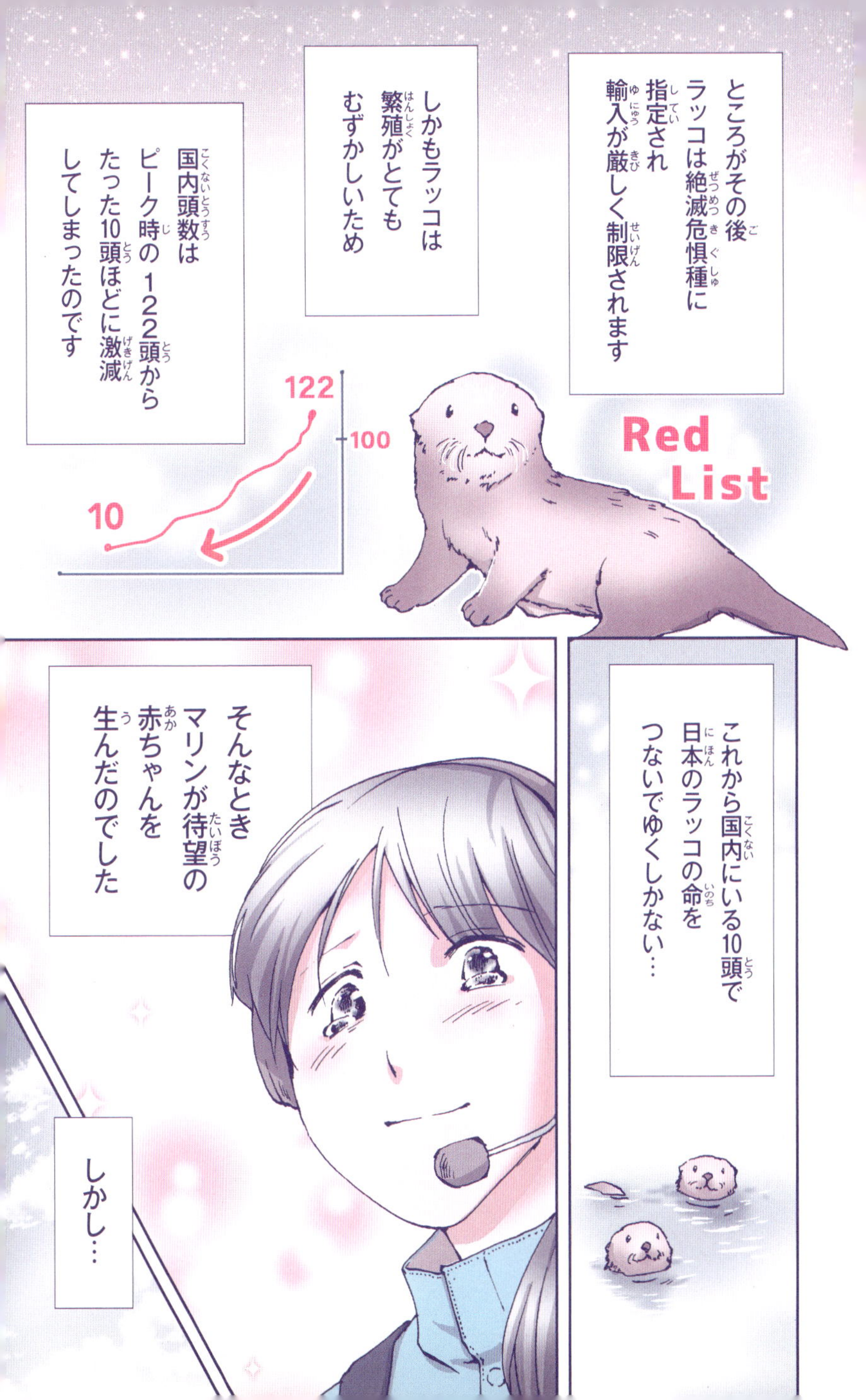
ところがその後《ご》
ラッコは絶滅危惧種《ぜつめつきぐしゅ》に
指定《してい》され
輸入《ゆにゅう》が厳《きび》しく制限《せいげん》されます
しかもラッコは
繁殖《はんしょく》がとても
むずかしいため
国内頭数《こくないとうすう》は
ピーク時《じ》の 122頭《とう》から
たった10頭《とう》ほどに激減《げきげん》
してしまったのです
122
100
10
Red List
これから国内《こくない》にいる10頭《とう》で
日本《にほん》のラッコの命《いのち》を
つないでゆくしかない…
そんなとき
マリンが待望《たいぼう》の
赤《あか》ちゃんを
生《う》んだのでした
しかし…

赤《あか》ちゃんに元気《げんき》がない？
はい
うーん…
データを見《み》る分《ぶん》におっぱいをちゃんと飲《の》めていないみたいね
ベテラン飼育員《しいくいん》
中嶋《なかじま》さん
人工哺育《じんこうほいく》するしかないか
ざわ…
でも人工哺育《じんこうほいく》の国内成功例《こくないせいこうれい》はたった2例《れい》ですよね？
うちでは経験値《けいけんち》がないですしもしうまくいかなかったら…
みんな！
ここであきらめたら救《すく》える命《いのち》も救《すく》えなくなってしまうぞ！
ラッコ飼育係《しいくがかり》リーダー
濱野《はまの》さん

このコの「生《い》きたい！」と思《おも》う気持《きも》ちをオレたちが全力《ぜんりょく》で支《ささ》えよう！
そうですね！
わたしたちでこのコを守《まも》りましょう！
まずはミルクの成分《せいぶん》を調《しら》べないといけませんね
うーん…
ほかの水族館《すいぞくかん》に問《と》い合《あ》わせてみよう
チーム総出《そうで》でほかの水族館《すいぞくかん》に問《と》い合《あ》わせできるかぎり手《て》をつくしたものの――…
ああ…
また下痢《げり》しちゃってる…

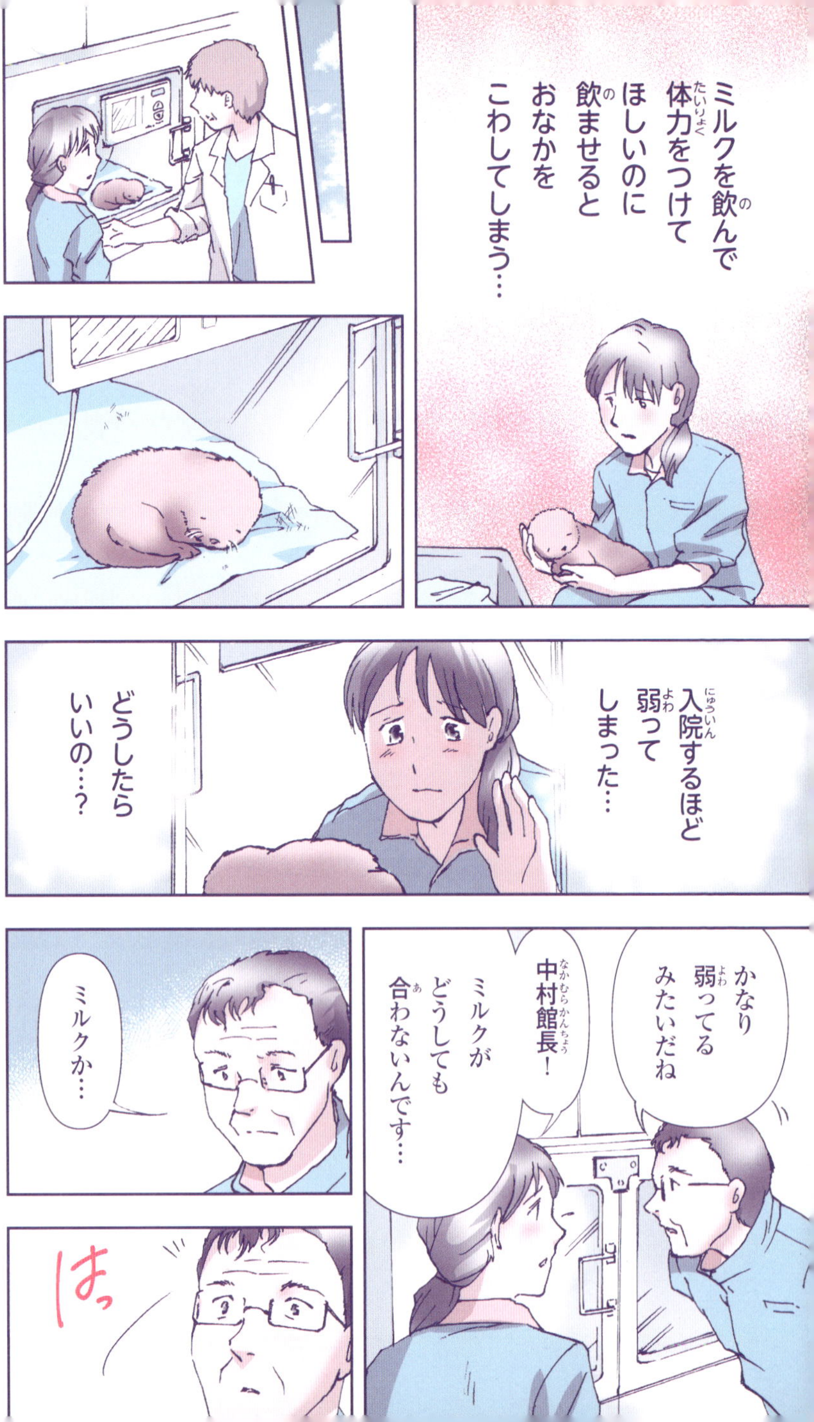
ミルクを飲《の》んで体力《たいりょく》をつけてほしいのに飲《の》ませるとおなかをこわしてしまう…
入院《にゅういん》するほど弱《よわ》ってしまった…
どうしたらいいの…？
かなり弱《よわ》ってるみたいだね
中村館長《なかむらかんちょう》！ミルクがどうしても合《あ》わないんです…
ミルクか…
はっ

?
そうだ！
たっ
翌日《よくじつ》──
え!!
ラッコミルクの新《あたら》しい成分表《せいぶんひょう》！
館長《かんちょう》！これどうしたんですか
アラスカにあるラッコの保護《ほご》センターにメールしてみたんだよ
アラスカ
日本《にほん》
ほら 早《はや》く作《つく》ってみて
はい！

ラッコの主食《しゅしょく》である
スルメイカや
ウチムラサキ貝《がい》を
ミキサーにかけ
なめらかに
するために
目《め》の細《こま》かい網《あみ》で
裏《うら》ごし
うでつかれる〜
整腸剤《せいちょうざい》
ビタミン
整腸剤《せいちょうざい》や
低脂肪乳《ていしぼうにゅう》などを
加《くわ》える
MILK
少《すこ》しずつ濃《こ》くして
飲《の》ませてみると…
やった!
下痢《げり》が治《なお》った!

赤《あか》ちゃんラッコ調子《ちょうし》よくなったって?
中村館長《なかむらかんちょう》のおかげです
いやいや! 小《ちい》さな赤《あか》ちゃんが生《い》きようとしてるんだ 何《なに》もせずにはいられないよ
たくさんの人《ひと》が小《ちい》さな命《いのち》を守《まも》ろうとしてくれている…
絶対《ぜったい》に死《し》なせない!
このコはわたしたちが守《まも》るんだ!

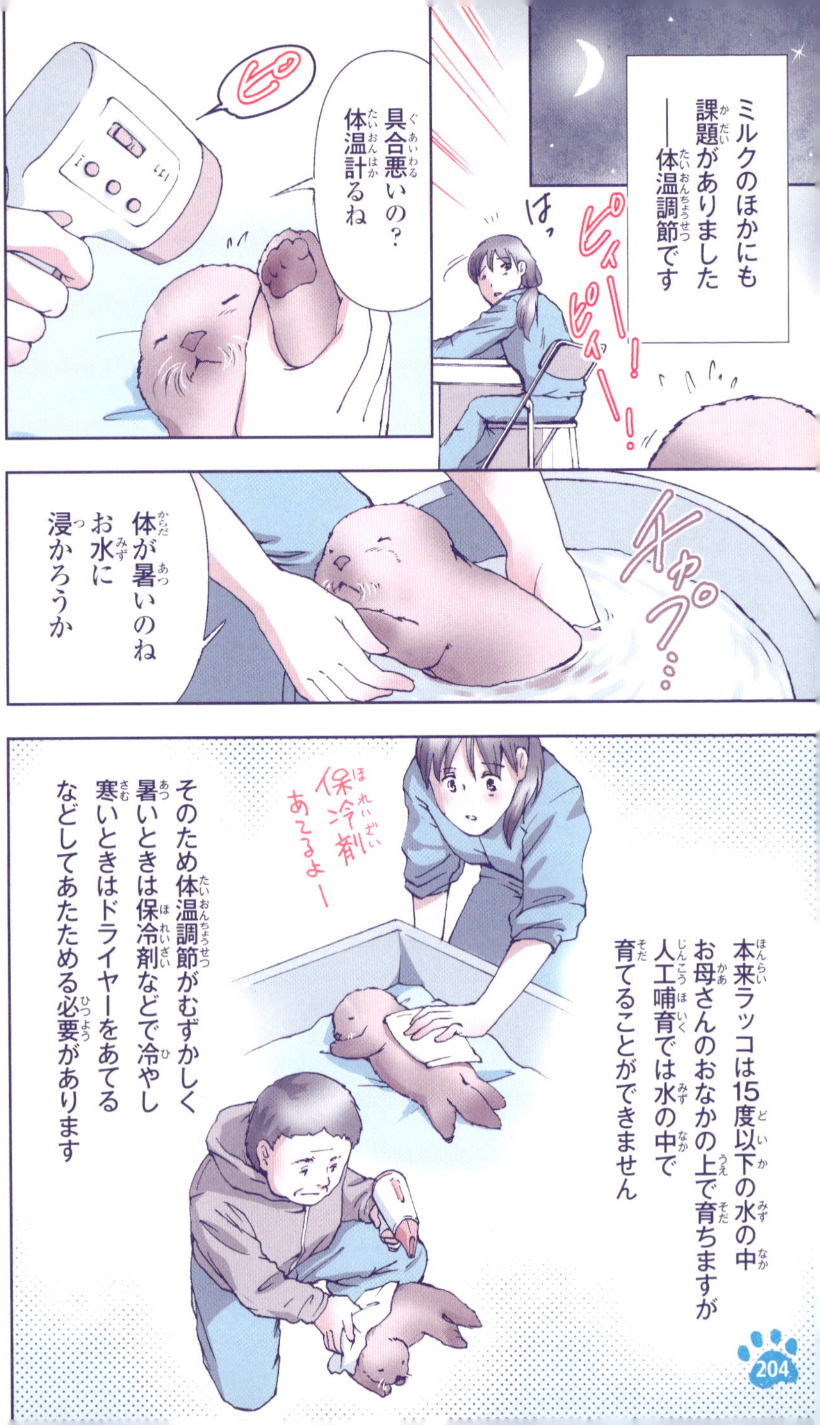
ミルクのほかにも
課題《かだい》がありました
——体温調節《たいおんちょうせつ》です
ピィー ピィー!!
はっ
ピ
具合悪《ぐあいわる》いの？
体温計《たいおんはか》るね
チャプ…
体《からだ》が暑《あつ》いのね
お水《みず》に
浸《つ》かろうか
本来《ほんらい》ラッコは15度以下《どいか》の水《みず》の中《なか》
お母《かあ》さんのおなかの上《うえ》で育《そだ》ちますが
人工哺育《じんこうほいく》では水《みず》の中《なか》で
育《そだ》てることができません
保冷剤《ほれいざい》
あてるよー
そのため体温調節《たいおんちょうせつ》がむずかしく
暑《あつ》いときは保冷剤《ほれいざい》などで冷《ひ》やし
寒《さむ》いときはドライヤーをあてる
などしてあたためる必要《ひつよう》があります

また
二層《にそう》になっている
毛《け》が汚《よご》れると
体温《たいおん》を保《たも》つことが
できなくなるので
水《みず》をはじく上《うえ》の毛《け》
保温《ほおん》する細《こま》かい下《した》の毛《け》
お母《かあ》さんラッコの
代《か》わりにグルーミング
することで
毛《け》づくろいという行為《こうい》を
覚《おぼ》えさせていきました
泳《およ》ぐ練習《れんしゅう》も
お母《かあ》さんに代《か》わって
いっしょに…
ここまで
食《た》べる力《ちから》が
つけば安心《あんしん》ね
あむあむ
貝《かい》も食《た》べられる
ようになり
赤《あか》ちゃんラッコは
どんどんたくましく
なっていきました
ミルクも
飲《の》めなかったころが
ウソみたい
ぴゃーーん!
ニコニコ
食《く》いしん坊《ぼう》さん

そろそろこのコも
ほかのラッコのように
人間《にんげん》から離《はな》れて
水《みず》の中《なか》で暮《く》らせる
ようにならなきゃ
いけない…
今日《きょう》から
展示《てんじ》プールデビュー？
はい
まずはお客《きゃく》さんが
いない状態《じょうたい》で
慣《な》れさせます
さっ
ピィー
ピィィ！
呼《よ》んでるけど
がまん…！
あのコの
ためだもの！

展示《てんじ》プールデビューから13日後《にちご》――
あしにケガをしてる…毛並《けな》みの状態《じょうたい》もよくない…
突然《とつぜん》ひとりになったから不安《ふあん》で毛《け》づくろいもできなかったのね
いったん練習《れんしゅう》は中止《ちゅうし》にしよう
わたしが焦《あせ》ってひとり立《だ》ちさせようとしたせいだ…!
ごめんね…
ケガが治《なお》ったらまたいっしょに練習《れんしゅう》しようね…
さあ今日《きょう》からまたここで練習《れんしゅう》よ
チャプ…

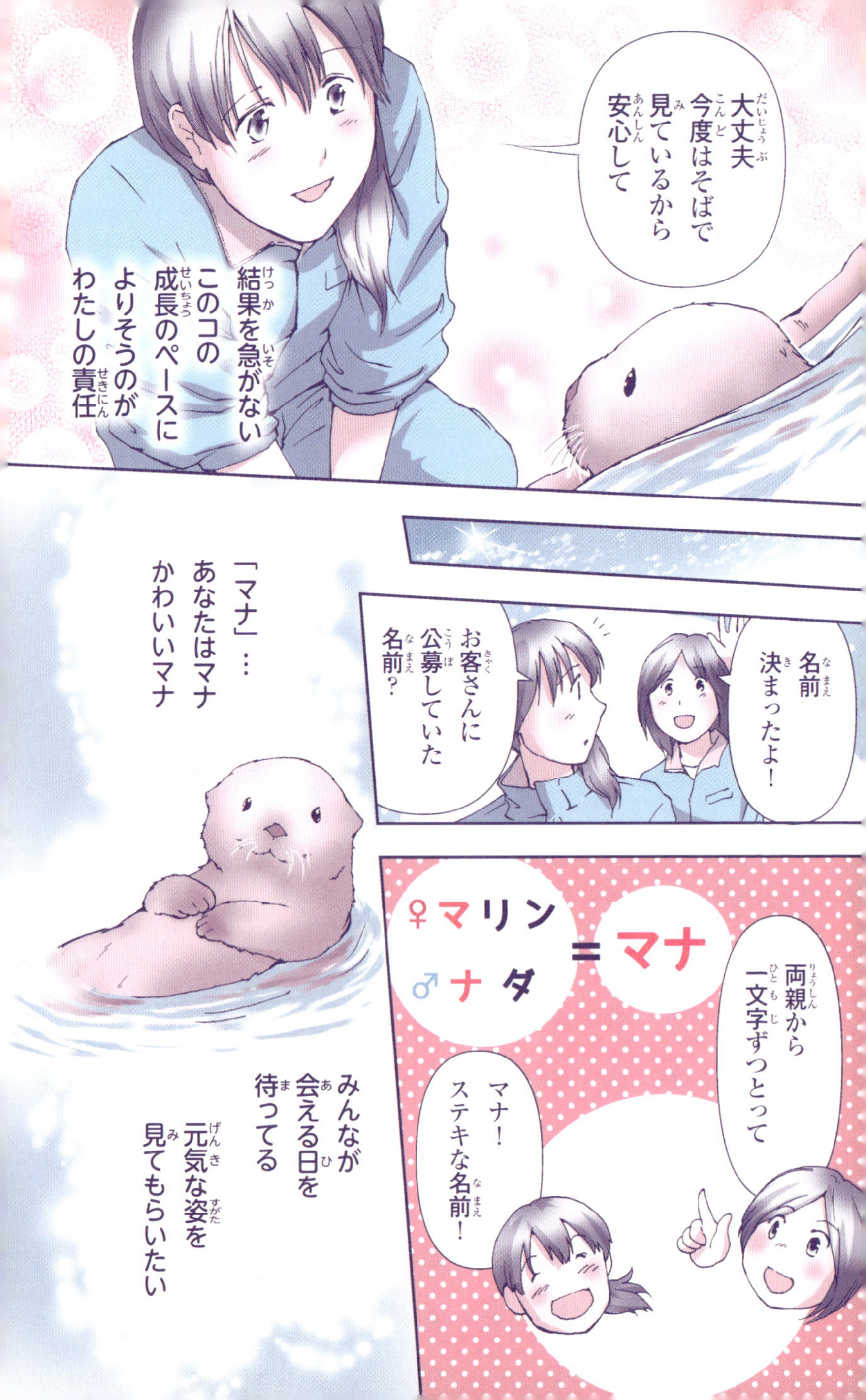
大丈夫《だいじょうぶ》 今度《こんど》はそばで 見《み》ているから 安心《あんしん》して
結果《けっか》を急《いそ》がない このコの 成長《せいちょう》のペースに よりそうのが わたしの責任《せきにん》
名前《なまえ》 決《き》まったよ!
お客《きゃく》さんに 公募《こうぼ》していた 名前《なまえ》?
♀マリン ♂ナダ =マナ
両親《りょうしん》から 一文字《ひともじ》ずつとって
マナ! ステキな名前《なまえ》!
「マナ」… あなたはマナ かわいいマナ
みんなが 会《あ》える日《ひ》を 待《ま》ってる
元気《げんき》な姿《すがた》を 見《み》てもらいたい

かわいい!
毛《け》づくろいしてる〜
マナちゃーん
少《すこ》しずつ練習《れんしゅう》をかさねてマナは展示《てんじ》プールに慣《な》れてくれました
土井《どい》さーん
お客様《きゃくさま》 本日《ほんじつ》はお集《あつ》まりいただきありがとうございます
来月《らいげつ》のアレ氷《こおり》だけだともの足《た》りないよね
うーんと…
食紅《しょくべに》足《た》してみる?
いいね!
それでははじめます

マナ！
1歳《さい》の誕生日《たんじょうび》
おめでとう！
ケーキだ！
ハッピーバースデー
マナちゃーん♪
氷《こおり》にサケやホタテを
トッピングして
食紅《しょくべに》で色《いろ》をつけた
特性《とくせい》ケーキです！
わーー！
すごーい！
横《よこ》のモニターでは
今《いま》までの飼育《しいく》の
様子《ようす》を流《なが》しています
人工哺育《じんこうほいく》って
大変《たいへん》なんだね
無事《ぶじ》に1歳《さい》に
なってよかったわね

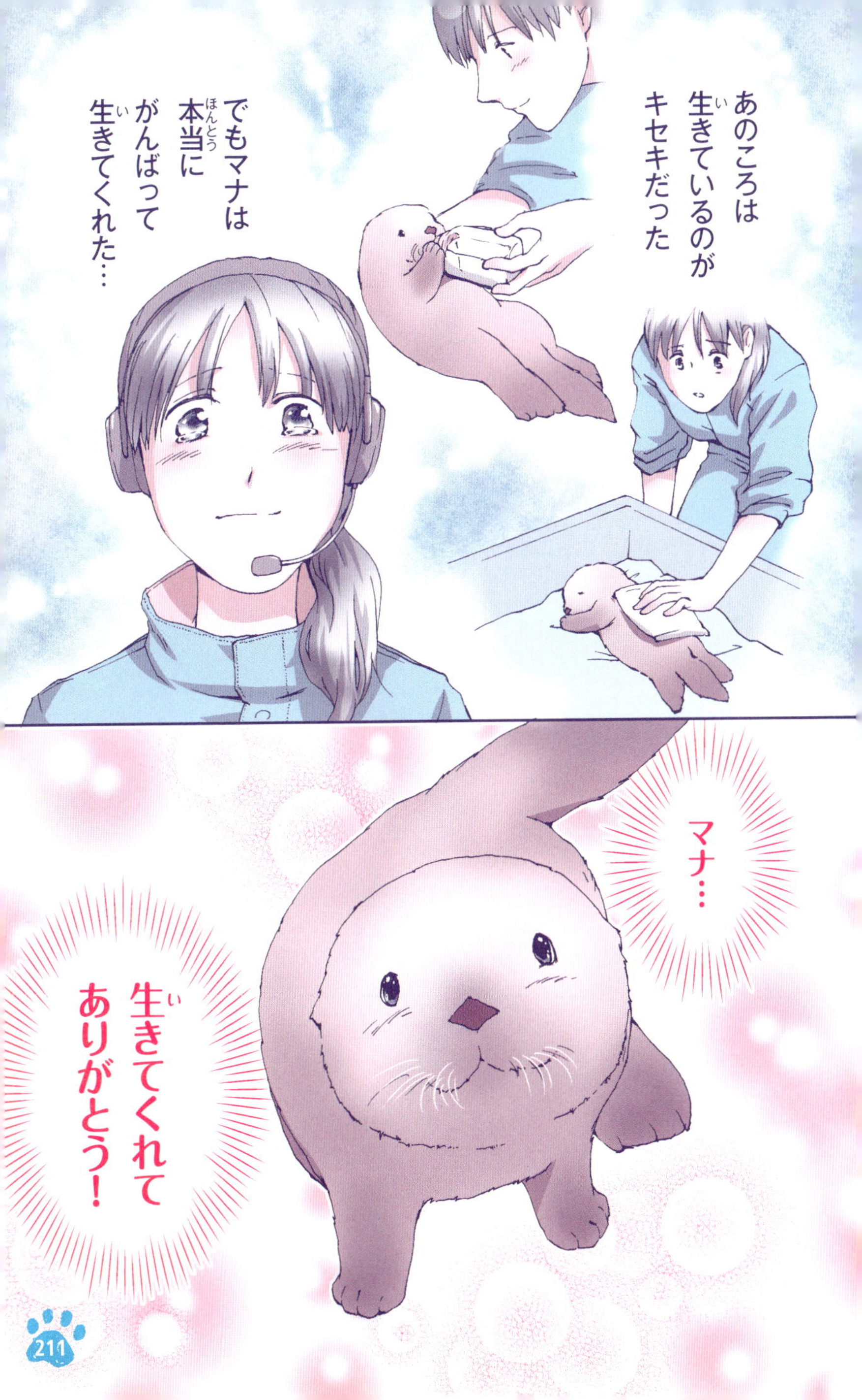
あのころは生《い》きているのがキセキだった
でもマナは本当《ほんとう》にがんばって生《い》きてくれた…
マナ…
生《い》きてくれてありがとう！

もっと知《し》りたい！

ラッコってどんなどうぶつ？

愛《あい》らしい姿《すがた》で人気《にんき》のラッコだけど、意外《いがい》と生態《せいたい》は知《し》られていないもの。
ラッコの基本《きほん》データからおどろきの豆知識《まめちしき》まで紹介《しょうかい》するよ！

ラッコはこんなどうぶつ！

- 体長《たいちょう》：55～130㎝
- 体重《たいじゅう》：15～45kg
- 寿命《じゅみょう》：10～20年《ねん》

昔《むかし》は北海道東部《ほっかいどうとうぶ》にも生息《せいそく》していたけれど、今《いま》では激減《げきげん》。絶滅危惧種《ぜつめつきぐしゅ》に指定《してい》されているよ。

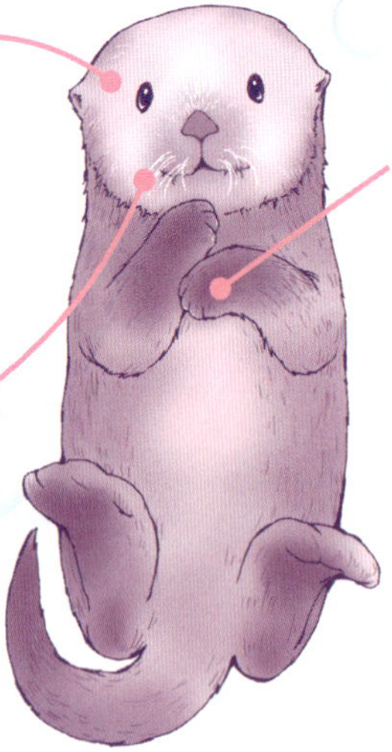

意外《いがい》に毛深《けぶか》い！

冷《つめ》たい海《うみ》に住《す》んでいるラッコの体毛《たいもう》は、体温低下《たいおんていか》を防《ふせ》ぐためになんと8億本《おくほん》も生《は》えているよ！人間《にんげん》の髪《かみ》は10万本《まんぼん》といわれているので人《ひと》の8000倍《ばい》。世界一《せかいいち》毛深《けぶか》いどうぶつなんだって。

とても大食《おおぐ》い！

体温《たいおん》を保《たも》つためにエネルギーが必要《ひつよう》なラッコは食《た》べたものをどんどん熱《ねつ》に変《か》えているよ。そのために40kgのラッコの場合《ばあい》10kgもエサを食《た》べるんだって！

手《て》の平《ひら》に毛《け》がない！

前《まえ》あしは、貝《かい》などをつかみやすいように毛《け》が生《は》えていないよ。そのため寒《さむ》いときは血流《けつりゅう》のよい目《め》の上《うえ》に手《て》を乗《の》せたりしてあたためているよ。

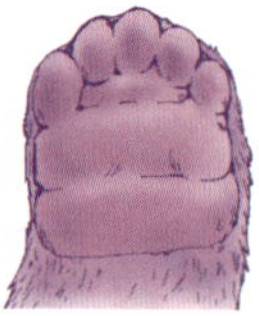

ほかにも……

道具《どうぐ》が使《つか》える

ラッコは手先《てさき》がとても器用《きよう》で人《ひと》やサルなどの霊長類以外《れいちょうるいいがい》の哺乳類《ほにゅうるい》では唯一道具《ゆいいつどうぐ》をつかって食《た》べ物《もの》を食《た》べるよ。道具《どうぐ》の使《つか》い方《かた》は育《そだ》った環境《かんきょう》によってさまざまなんだって。

寝《ね》るときは手《て》をつなぐ

野生《やせい》のラッコは波《なみ》に流《なが》されないように海藻《かいそう》を体《からだ》に巻《ま》きつけて寝《ね》るけれど、水族館《すいぞくかん》などにいるラッコは海藻《かいそう》がない代《か》わりに、仲間《なかま》と手《て》をつないで寝《ね》る場合《ばあい》があるんだって。

どうして
捨《す》てたんだ…？
第《だい》13話《わ》
ある子《こ》ネコと男子高生《だんしこうせい》のお話《はなし》
その日《ひ》雄大《ゆうだい》は、リックと出会《であ》った日《ひ》の夢《ゆめ》を見《み》た…。
ボロボロで
役《やく》に立《た》たないからか？

どうして…
うっ…
がばっ
この夢《ゆめ》…
久《ひさ》しぶりだな…
ふらっ
ん?
すりすり
リック
おはよう!
にゃあ

おまえは
ほんと
かわいい
なあ！
ぎゅっ
こんなに
かわいいのに
捨《す》てるやつが
いるなんて…
理解《りかい》
できないよ
久《ひさ》しぶりに
あの人《ひと》に
会《あ》いたくなったな
リック
行《い》ってみるか

リックに出会《であ》ったのは高校《こうこう》2年《ねん》の17歳《さい》のころ…
夢《ゆめ》を失《うしな》って暗《くら》いトンネルにいるときだった
小学《しょうがく》1年《ねん》からサッカーをはじめたオレは「冬《ふゆ》の高校《こうこう》サッカー出場《しゅつじょう》」が夢《ゆめ》だった
県内《けんない》でも有数《ゆうすう》のサッカー強豪校《きょうごうこう》に進学《しんがく》して2年《ねん》でレギュラーに選《えら》ばれたそして県予選《けんよせん》がはじまろうとしていた
雄大《ゆうだい》いよいよだな！がんばろうぜ！
おう！
そんな練習《れんしゅう》の帰《かえ》り道《みち》——
うわっ

雄大《ゆうだい》!!
無灯火《むとうか》の自転車《じてんしゃ》との
接触事故《せっしょくじこ》
やべっ
右脛骨《みぎけいこつ》の
骨折《こっせつ》で
全治《ぜんち》3か月《げつ》
オレはボールを
蹴《け》ることはおろか
歩《ある》くことさえできず
長期入院《ちょうきにゅういん》をよぎなくされた

チームは無事《ぶじ》
冬《ふゆ》の高校《こうこう》サッカーに出場《しゅつじょう》
でも
よろこべなかった
なんで
オレだけが？
ただひたすらサッカーを
がんばってきた
それなのに…
オレだけがひとり
取《と》り残《のこ》されて
しまった
神様《かみさま》なんか
いないんだな…

3か月後《げつご》
歩《ある》けるようには
なったが
オレはサッカーから
離《はな》れた
学校《がっこう》をサボって
ゲーセンに入《い》り浸《びた》る
ようになり
雄大《ゆうだい》つえ〜!
何《なに》もかも
あきらめていたとき——…
あれは…
捨《す》てネコか?

別《べつ》に…オレには関係《かんけい》ない
フン
このコも…殺処分《さつしょぶん》になってしまうかもしれませんね…
…
……!!
あのっ
そのネコ
うちのネコです!!

…キミの？
家《いえ》から
いなくなって
探《さが》してたんです…
ほかに迷子《まいご》ネコの
届《とど》け出《で》はある？
該当《がいとう》するような
子《こ》ネコの届《とど》け出《で》は
ありません
そうか
しっかり
みてあげないと
ダメだよ
はい…
こうしてオレは
ネコを保護《ほご》した

すぐどうぶつ病院《びょういん》に連《つ》れて行《い》くと
ひどく衰弱《すいじゃく》していてもってあと数日《すうじつ》だろうと診断《しんだん》された
でもオレはなぜかコイツをあきらめたくなかった
ネコを育《そだ》てたことなんてなかったけれど24時間《じかん》つきっきりで看病《かんびょう》を続《つづ》けた
そうして数日《すうじつ》がたったころ…
にゃー
おまえ だいぶ元気《げんき》になったな!

オレは保健所《ほけんじょ》に行《い》ってすべてを話《はな》した
自分《じぶん》が飼《か》い主《ぬし》ではなかったことも
でも――…
3か月《げつ》がたっても元《もと》の飼《か》い主《ぬし》はあらわれず
捨《す》てネコのリックはオレが飼《か》えることになった
彩《あや》さん
コイツすごいっすよねキセキの復活《ふっかつ》！
命《いのち》と向《む》き合《あ》ってくれたキミのおかげよ
ありがとう
死《し》にかかっていたのにこんな小《ちい》さな体《からだ》で
だれにも文句《もんく》を言《い》わず必死《ひっし》に生《い》きてる…
SOCCER

それからオレはサッカー部《ぶ》に戻《もど》り
ブランクを取《と》り戻《もど》すためにそれまで以上《いじょう》に練習《れんしゅう》に打《う》ち込《こ》んだ
そして3年《ねん》の冬《ふゆ》
夢《ゆめ》だった冬《ふゆ》の高校《こうこう》サッカーに出場《しゅつじょう》した
オレもみんなからキセキの復活《ふっかつ》とか言《い》われたけどさぜんぶリックのおかげだよ
自分《じぶん》で自分《じぶん》をあきらめないただ前《まえ》を向《む》いて生《い》きる――
オレは大切《たいせつ》なことを教《おし》えてもらった
第《だい》25話《わ》へ

第《だい》14話《わ》

小《こ》鳥《とり》のお医《い》者《しゃ》さん

明日《あす》への光《ひかり》

日本《にほん》ではじめての「小鳥《ことり》の病院《びょういん》」は開院《かいいん》50年《ねん》を迎《むか》えた。
小鳥《ことり》を愛《あい》するふたりの獣医師《じゅういし》の人生《じんせい》。

そういえば新聞《しんぶん》見《み》ましたよ
開院《かいいん》50周年《しゅうねん》なんですって?
高橋先生《たかはしせんせい》もよろこんでおられるでしょうね
ええ…
わたしも少《すこ》しは役《やく》に立《た》てているでしょうか
高橋先生《たかはしせんせい》…

いまから40年《ねん》ほど前《まえ》…
広瀬《ひろせ》 学《まなぶ》（中学《ちゅうがく》3年生《ねんせい》）
チィちゃん
なんで急《きゅう》に死《し》んでしまったんだ…
昨日《きのう》まではよくエサも食《た》べていたのに…
川井書店
小鳥《ことり》のお医者《いしゃ》…
小鳥のお医者

チィちゃんの病気《びょうき》のことわかるかな…
パラ…
こ…
この先生《せんせい》すごい!!
ハッ
ウォッホン!
この本《ほん》ください!
はい まいどあり
日本《にほん》で最初《さいしょ》に小鳥専門《ことりせんもん》の病院《びょういん》を開《ひら》いた高橋達志郎先生《たかはしたつしろうせんせい》の著書《ちょしょ》『小鳥《ことり》のお医者《いしゃ》』には
先生《せんせい》の生《お》い立《た》ち
小鳥《ことり》の病気《びょうき》や治療法《ちりょうほう》
家《いえ》での看護《かんご》の仕方《しかた》
飼《か》い主《ぬし》さんとのやりとりなどが
診察日記《しんさつにっき》のように詳細《しょうさい》に記《しる》されていた——

高橋先生《たかはしせんせい》は どうぶつ病院《びょういん》を 開《ひら》くことを夢見《ゆめみ》て 獣医師《じゅういし》になった
しかし 戦後間《せんごま》もない 日本《にほん》で ペットを飼《か》う人《ひと》は 少《すく》なく ※東京衛生局《とうきょうえいせいきょく》に つとめ始《はじ》める
きっといつか チャンスはくる
それまでいろんな 勉強《べんきょう》をしよう
そのころ日本中《にほんじゅう》で 狂犬病《きょうけんびょう》が流行《りゅうこう》していた
狂犬病《きょうけんびょう》の犬《いぬ》に 噛《か》みつかれると 人間《にんげん》も感染《かんせん》し 死《し》んでしまう
とても恐《おそ》ろしい 病気《びょうき》だった
高橋先生《たかはしせんせい》は その日《ひ》 狂犬病《きょうけんびょう》にかかって 死《し》んだ疑《うたが》いのある 犬《いぬ》を解剖《かいぼう》していた

※どうぶつの衛生管理《えいせいかんり》を行《おこな》うところ

痛《いた》っ
手《て》がすべった…
おいっ
この犬《いぬ》は狂犬病《きょうけんびょう》の疑《うたが》いが強《つよ》い
傷口《きずぐち》からウイルスが感染《かんせん》したら死《し》ぬぞ
すぐにワクチンを打《う》ってもらえ!!
高橋先生《たかはしせんせい》はすぐに病院《びょういん》に行《い》き
一日《いちにち》おきに計《けい》9本《ほん》もワクチン注射《ちゅうしゃ》を打《う》つことになった
だが6本目《ぼんめ》を打《う》った翌朝《よくあさ》…
うっ…

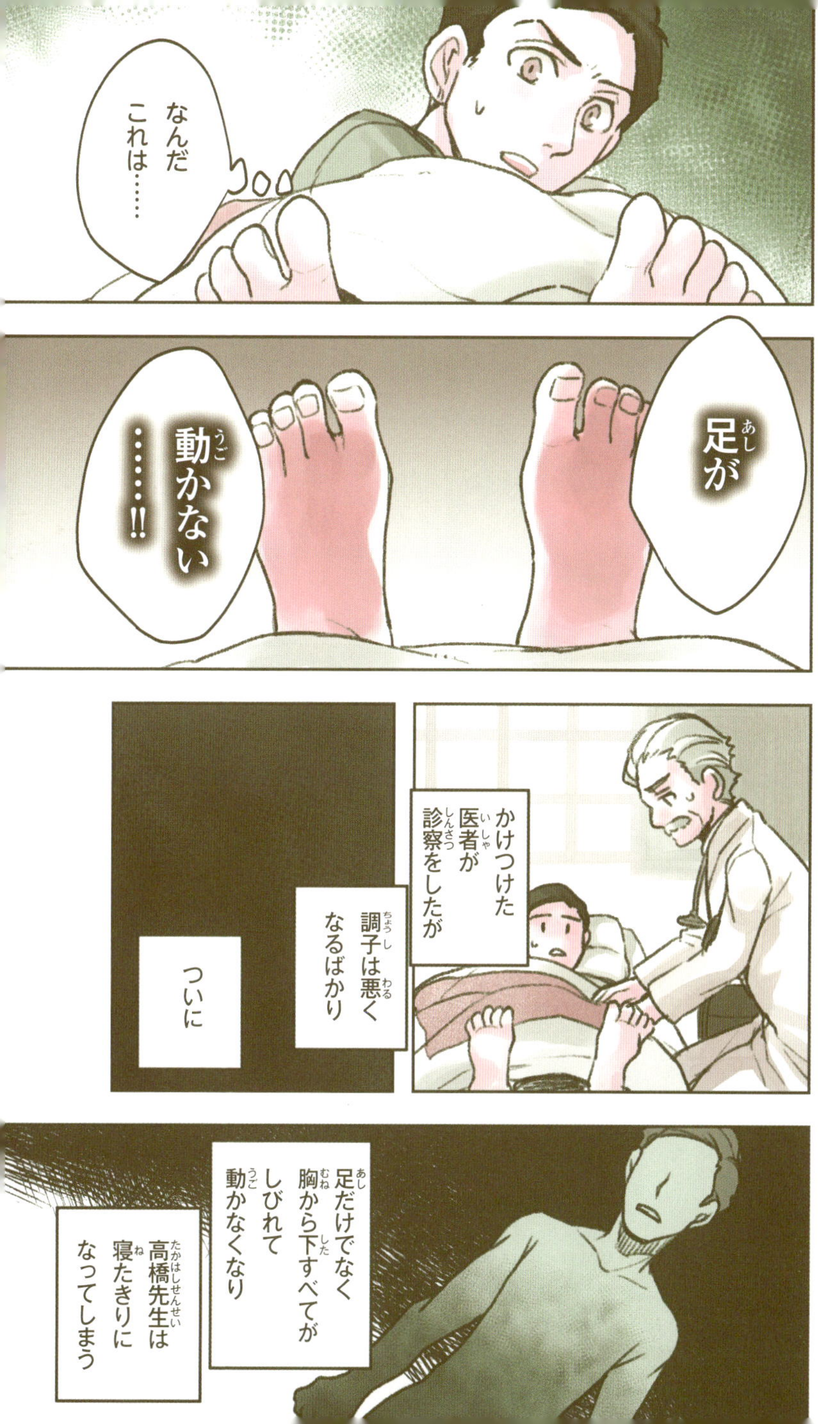
なんだ
これは……
足《あし》が
動《うご》かない……!!
かけつけた
医者《いしゃ》が
診察《しんさつ》をしたが
調子《ちょうし》は悪《わる》く
なるばかり
ついに
足《あし》だけでなく
胸《むね》から下《した》すべてが
しびれて
動《うご》かなくなり
高橋先生《たかはしせんせい》は
寝《ね》たきりに
なってしまう

※寝《ね》たきりにより皮膚《ひふ》が圧迫《あっぱく》され炎症《えんしょう》を起《お》こすこと

母《かあ》さん……
達志郎《たつしろう》さん…　つらいわね
できることなら わたしがかわって やりたいわ
わたしにやれることは ここにきて応援《おうえん》する くらいだけど
だいじょうぶ きっと よくなるわ
病院《びょういん》の みなさんも がんばって くださってるから
達志郎《たつしろう》さんも がんばって

そして入院《にゅういん》して3年《ねん》がたったある日《ひ》…
あっ
足《あし》の指《ゆび》が動《うご》いた…！
希望《きぼう》はある！
毎日《まいにち》必死《ひっし》でリハビリをするようになった高橋先生《たかはしせんせい》は
やがて上半身《じょうはんしん》を起《お》こせるようになり
歩行器《ほこうき》を使《つか》えば少《すこ》しは歩《ある》けるようになった
そして入院《にゅういん》して4年《ねん》で高橋先生《たかはしせんせい》はようやく退院《たいいん》した

やっと家《いえ》に戻《もど》れる
妹《いもうと》さん
この足《あし》でもできる仕事《しごと》を探《さが》さなければ…
チュン
チュン
…そうだ
高橋先生《たかはしせんせい》はカナリアや文鳥《ぶんちょう》などの小鳥《ことり》を交配《こうはい》し育《そだ》てたヒナを小鳥屋《ことりや》に売《う》る
※巣引《すび》き屋《や》をはじめる
※今《いま》の言葉《ことば》でいうブリーダー
鳥《とり》の世話《せわ》は妹《いもうと》さんや妹《いもうと》さんの友人《ゆうじん》の千世子《ちよこ》さんが手伝《てつだ》った
千世子《ちよこ》さん
そのうちに高橋先生《たかはしせんせい》は千世子《ちよこ》さんを好《す》きになり
ふたりは結婚《けっこん》した

結婚後《けっこんご》はふたりで巣引《すび》き屋《や》を続《つづ》けたが…
達志郎《たつしろう》さん…
カナリアが元気《げんき》ないの
エサを全然《ぜんぜん》食《た》べていなくて……
この間《あいだ》も文鳥《ぶんちょう》を1羽《わ》死《し》なせてしまったし…
小鳥《ことり》の健康管理《けんこうかんり》はむずかしいな…
そうだ

ぼくが学《まな》んできた
獣医学《じゅういがく》を
いかせるのは
ここじゃないか？
高橋先生《たかはしせんせい》は死《し》んだ小鳥《ことり》を解剖《かいぼう》したり
近所《きんじょ》の人《ひと》が持《も》ちこんだ野鳥《やちょう》のケガや病気《びょうき》の手当《てあ》てをして
小鳥《ことり》の治療《ちりょう》の研究《けんきゅう》を積《つ》み重《かさ》ねた
そして10年《ねん》がたったころ
小鳥の病院
日本《にほん》ではじめての小鳥《ことり》の病院《びょういん》を開院《かいいん》する
小鳥のお医者
高橋達志郎 著
すごい!!

こんなに
小鳥《ことり》のことを
考《かんが》えている
先生《せんせい》がいるんだ
お会《あ》い
してみたい!
はい
小鳥《ことり》の病院《びょういん》です
ガチャ!!
高橋先生《たかはしせんせい》
ですか?
はい
ぼく
『小鳥《ことり》のお医者《いしゃ》』を
読《よ》んで……
その……
感動《かんどう》しました!!
高橋先生《たかはしせんせい》のお仕事《しごと》が
見《み》てみたいんです
夏休《なつやす》みに
おうかがいしても
いいですか?
お父《とう》さんとお母《かあ》さんが
許《ゆる》してくださるなら
いいですよ
ぜひ
いらっしゃい
やった!!

わたしは中《ちゅう》3の夏休《なつやす》みに名古屋《なごや》から上京《じょうきょう》
東京《とうきょう》の親《しん》せきの家《いえ》に泊《と》まりながら
毎日《まいにち》1時間《じかん》をかけて小鳥《ことり》の病院《びょういん》へ通《かよ》った
名古屋《なごや》から見学《けんがく》に来《き》た広瀬《ひろせ》くんだ
よろしくお願《ねが》いします！
よろしくね
ぼくも何《なに》かお手伝《てつだ》いします！
じゃあ入院《にゅういん》している小鳥《ことり》の朝晩《あさばん》のえさやりと鳥《とり》かごのおそうじからいっしょにやりましょう
わたしは自分《じぶん》にできる仕事《しごと》を探《さが》して手伝《てつだ》った

あれっ もう診察時間《しんさつじかん》終《お》わったのに 診察室《しんさつしつ》が明《あか》るい
仕事《しごと》から帰《かえ》ってきたら もうこの状態《じょうたい》で…
遅《おそ》い時間《じかん》に すみません
…… すぐに手術《しゅじゅつ》しましょう
カチャ
高橋先生《たかはしせんせい》のもとには 全国《ぜんこく》から 患者《かんじゃ》さんが訪《おとず》れ 多《おお》い日《ひ》には100羽《わ》 少《すく》ない日《ひ》でも 50羽《わ》もの診察《しんさつ》に あたった
お家《うち》の方《かた》が 心配《しんぱい》される だろうから
広瀬《ひろせ》くんは もう帰《かえ》りなさい
はい
先生《せんせい》も 千世子《ちよこ》さんも 朝《あさ》からずっと 働《はたら》きっぱなしだ…

―翌朝《よくあさ》―
おはようございます
昨日《きのう》の小鳥《ことり》どうしただろう……
先生《せんせい》…
ありがとうございます…
もうだめかと思《おも》いました
ピーちゃんを助《たす》けてくださって…
もう少《すこ》し遅《おそ》かったら危《あぶ》なかった飼《か》い主《ぬし》さんがピーちゃんをよく見《み》ていらしたおかげです
よかったわ

手術《しゅじゅつ》成功《せいこう》したんだ!! よかったなあ……
高橋先生《たかはしせんせい》はいつでも飼《か》い主《ぬし》さんに寄《よ》りそい
家族《かぞく》の一員《いちいん》である小鳥《ことり》のために手《て》を尽《つ》くし
努力《どりょく》をできることは幸《しあわ》せだと
どんなに忙《いそが》しくても笑顔《えがお》をたやさなかった
獣医師《じゅういし》になって高橋先生《たかはしせんせい》のもとで働《はたら》きたい!
3週間《しゅうかん》小鳥《ことり》の病院《びょういん》に通《かよ》った
わたしはそう心《こころ》に決《き》め獣医大学《じゅういだいがく》に進学《しんがく》
大学卒業後《だいがくそつぎょうご》すぐに小鳥《ことり》の病院《びょういん》で働《はたら》きはじめた
薬《くすり》を一滴《いってき》与《あた》えるのでも
飼《か》い主《ぬし》と医者《いしゃ》とでは違《ちが》うんです

飼《か》い主《ぬし》はこのコを助《たす》けてくださいと祈《いの》る気持《きも》ちで与《あた》えるからね
毎日《まいにち》その小鳥《ことり》を見《み》ている飼《か》い主《ぬし》が一番《いちばん》いい看護《かんご》をしてやれるんですよ
高橋先生《たかはしせんせい》……
いつも親身《しんみ》に
ありがとうございます
先生《せんせい》
ぼくは小鳥《ことり》の病院《びょういん》で先生《せんせい》のあとを継《つ》ぎたいです
そうか うれしいね
小鳥《ことり》も飼《か》い主《ぬし》さんも心強《こころづよ》いよ

しかし 3年《ねん》の月日《つきひ》が 流《なが》れ…
わたしは獣医大学《じゅういだいがく》で 同級生《どうきゅうせい》だった女性《じょせい》と結婚《けっこん》
奥《おく》さんといっしょに どうぶつ病院《びょういん》を 開《ひら》くことになり
小鳥《ことり》の病院《びょういん》を 辞《や》めなくては ならなくなった
広瀬先生《ひろせせんせい》 開院《かいいん》おめでとう
高橋先生《たかはしせんせい》…
小鳥《ことり》の病院《びょういん》を 辞《や》めることに なってしまって…
どこの病院《びょういん》でも 広瀬先生《ひろせせんせい》が どうぶつの 治療《ちりょう》にあたって くれたら
それで いいんです
先生《せんせい》の あとを継《つ》ぐと 言《い》っていたのに 裏切《うらぎ》って しまった……

小鳥《ことり》の病院《びょういん》開院《かいいん》から34年《ねん》——
生涯現役《しょうがいげんえき》をつらぬきたくさんの小鳥《ことり》の命《いのち》を救《すく》った高橋先生《たかはしせんせい》は永眠《えいみん》された
奥《おく》さんさみしいでしょうね…
これからどうされるのかしら…
…
あの……ごぶさたしています

まあ 広瀬先生《ひろせせんせい》 来《き》てくださって ありがとう
小鳥《ことり》の病院《びょういん》 閉《し》めなければ ならないわ ちょっと さみしいわね ……
千世子《ちよこ》 さん……
……よかったら 小鳥《ことり》の病院《びょういん》を続《つづ》けさせて いただけないでしょうか

週《しゅう》2日《か》なら
小鳥《ことり》の病院《びょういん》で
診察《しんさつ》できます
こうしてわたしは
小鳥《ことり》の病院《びょういん》に
週《しゅう》2日《か》の獣医《じゅうい》として
戻《もど》ってきた
千世子《ちよこ》さんは
それから
十数年後《じゅうすうねんご》に
亡《な》くなるまで
ずっと診療《しんりょう》に
立《た》ち会《あ》い
続《つづ》けた
本当《ほんとう》に小鳥《ことり》を
愛《あい》した
ご夫婦《ふうふ》だった
そして
現在《げんざい》…
小鳥《ことり》にかぎらず
すべての
生《い》きものに
言《い》えることだが
おなじ病気《びょうき》でも
ひとつもおなじ
状態《じょうたい》のものは
いない

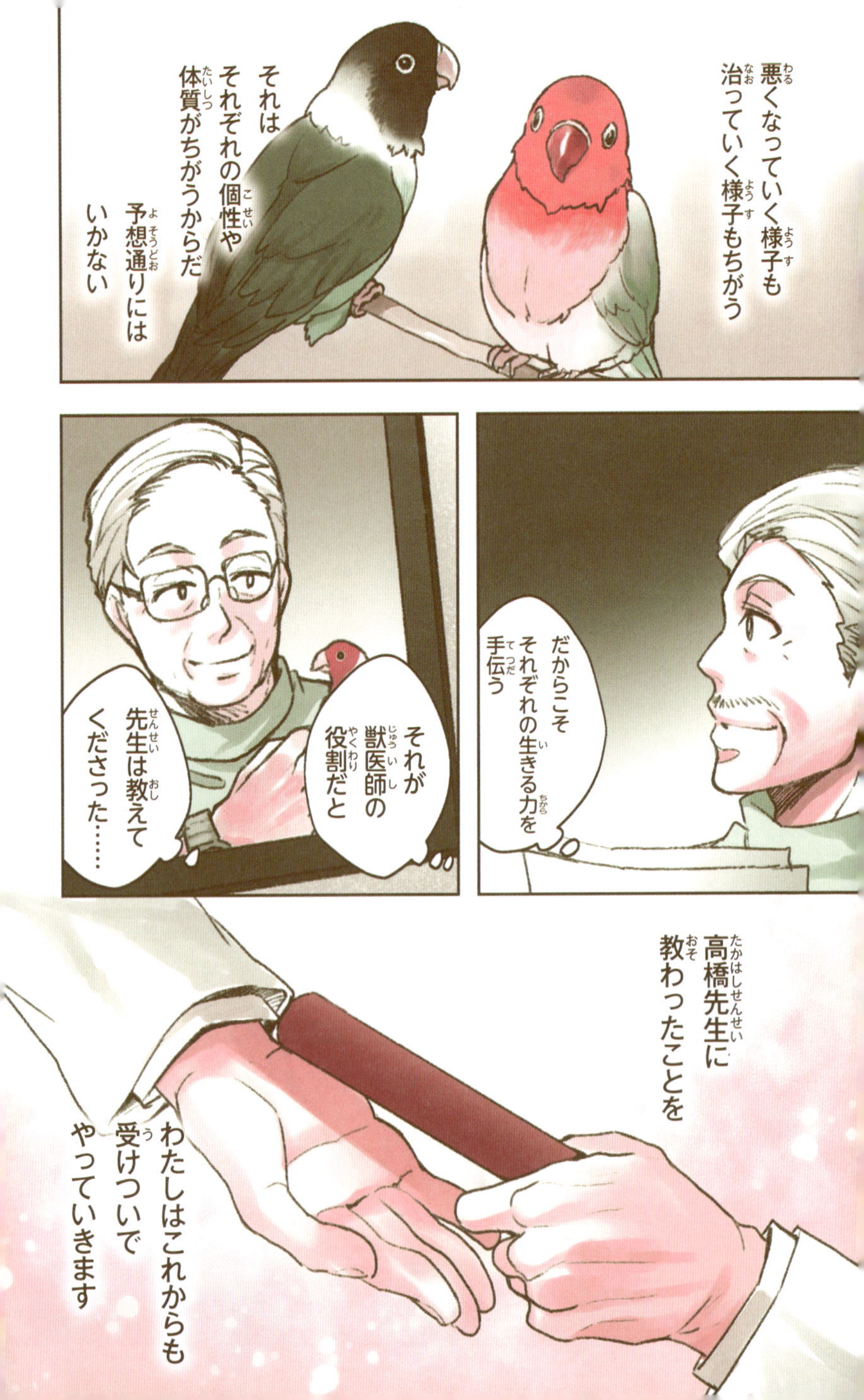

悪《わる》くなっていく様子《ようす》も
治《なお》っていく様子《ようす》もちがう
それは
それぞれの個性《こせい》や
体質《たいしつ》がちがうからだ
予想通《よそうどお》りには
いかない
だからこそ
それぞれの生《い》きる力《ちから》を
手伝《てつだ》う
それが
獣医師《じゅういし》の
役割《やくわり》だと
先生《せんせい》は教《おし》えて
くださった……
高橋先生《たかはしせんせい》に
教《おそ》わったことを
わたしはこれからも
受《う》けついで
やっていきます

元《もと》獣《じゅう》医《い》学《がく》生《せい》ほづみりやの

第《だい》15話《わ》

獣《じゅう》医《い》学《がっ》科《か》ってこんなとこ!

学《がく》生《せい》時《じ》代《だい》、獣《じゅう》医《い》学《がっ》科《か》に通《かよ》っていたマンガ家《か》のほづみりやさんが、獣《じゅう》医《い》学《がく》生《せい》のびっくりエピソードを教《おし》えてくれました!

こんにちは
「小鳥《ことり》のお医者《いしゃ》さん」で マンガを担当《たんとう》した ほづみりやです!
じつはわたし 大学時代《だいがくじだい》に 獣医学科《じゅういがっか》に 通《かよ》っていました
ここで突然《とつぜん》ですが どうぶついっぱいの 獣医学科仰天《じゅういがっかぎょうてん》エピソード を紹介《しょうかい》します!
わたしが通《かよ》っていた 当時《とうじ》のお話《はなし》なので 今《いま》とはちょっと違《ちが》うことも あるかもしれません!

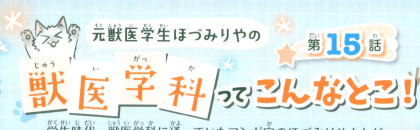

第《だい》16話《わ》

テーマパーク!?

つぎの授業《じゅぎょう》は実習《じっしゅう》です
作業着《さぎょうぎ》と白衣《はくい》に着替《きが》えて牧場《ぼくじょう》に集合《しゅうごう》してください
休《やす》み時間《じかん》10分《ぷん》
うお
お
おおお
ゴール
ここで着替え
前の授業の教室
スタート
キーン
コーン
カーン
大学《だいがく》めっちゃ広《ひろ》い！実習牧場遠《じっしゅうぼくじょうとお》い!!

お

牧場《ぼくじょう》への道《みち》は特《とく》に坂道《さかみち》で、とても大変《たいへん》でした！

第《だい》17話《わ》

愛《あい》に差《さ》はない！

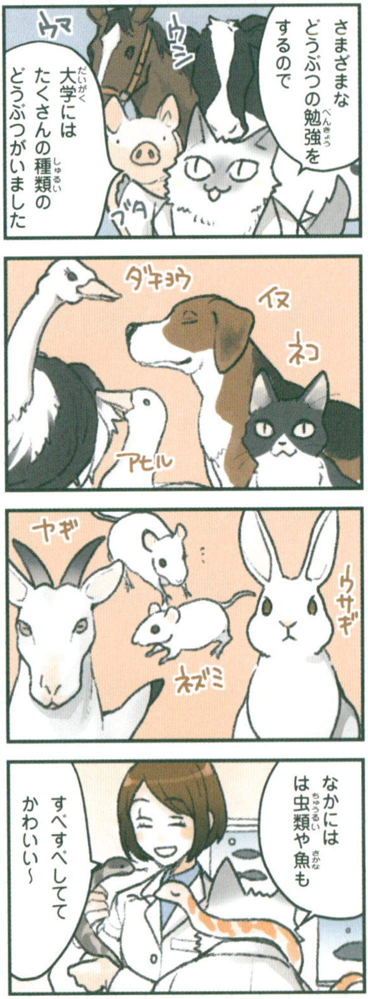

さまざまなどうぶつの勉強《べんきょう》をするので
大学《だいがく》にはたくさんの種類《しゅるい》のどうぶつがいました
ウマ
ウシ
ブタ
ダチョウ
イヌ
ネコ
アヒル
ヤギ
ウサギ
ネズミ
なかにはは虫類《ちゅうるい》や魚《さかな》も
すべすべしててかわいい〜

ヘビはひんやりしていて、腕《うで》の上《うえ》で動《うご》くと気《き》持《も》ちいい♪

第《だい》18話《わ》

夢中《むちゅう》になりすぎて…

どうしても遅《おそ》くなった時《とき》のため常《つね》にカップ麺《めん》がありました。

第《だい》19話《わ》

予想外《よそうがい》の…

めずらしいどうぶつを研究《けんきゅう》のためたくさん飼《か》っている研究室《けんきゅうしつ》も…。

第《だい》20話《わ》

みんな大好《だいす》き夏休《なつやす》み…？

夏休《なつやす》みの牧場実習《ぼくじょうじっしゅう》は今《いま》は希望者《きぼうしゃ》のみで行《おこな》われているそうです。

第《だい》21話《わ》

略《りゃく》すなキケン！

別《べつ》の学部《がくぶ》の学生《がくせい》さんには変《へん》だと思《おも》われていたかも…。

第《だい》22話《わ》 意外《いがい》な一面《いちめん》

上級生《じょうきゅうせい》になると大学《だいがく》にあるどうぶつ病院《びょういん》に実習《じっしゅう》に行《い》きます
病院《びょういん》には本当《ほんとう》にケガや病気《びょうき》をしたどうぶつがやってきます
キンチョー…
ふだんは授業《じゅぎょう》を教《おし》えてもらっている先生《せんせい》が
獣医外科学
テストで赤点とったらレポート50枚かかせるぞ～
病院《びょういん》ではメスを握《にぎ》っていることもあります
はい
メス!
授業《じゅぎょう》のときと違《ちが》う人《ひと》みたいだ～
先生かっこいい～

どの先生《せんせい》も病院《びょういん》で会《あ》うと、別人《べつじん》のようにキリッとしていました!

第《だい》23話《わ》 夢《ゆめ》に向《む》かって

ふつうの大学《だいがく》は4年制《ねんせい》ですが
獣医学科《じゅういがっか》は6年《ねん》大学《だいがく》に通《かよ》います
そして6年《ねん》の勉強《べんきょう》の最後《さいご》に
国家試験《こっかしけん》があります
2日間《かかん》にわたる今《いま》まで学《まな》んだすべての科目《かもく》の総合《そうごう》テスト
これに合格《ごうかく》するとようやく獣医師《じゅういし》の免許《めんきょ》がもらえます
あなたのペットのお医者《いしゃ》さんもこんな学生生活《がくせいせいかつ》を送《おく》ってきたのかもしれません!

とても忙《いそが》しかったけれど、充実《じゅうじつ》した学生生活《がくせいせいかつ》でした!

第《だい》24話《わ》

海《うみ》をとどけに

東京都《とうきょうと》にある葛西臨海水族園《かさいりんかいすいぞくえん》のプロジェクト「移動式《いどうしき》の水族館《すいぞくかん》」が始動《しどう》する――。

明日《あす》への光《ひかり》

健太郎《けんたろう》は葛西臨海水族園《かさいりんかいすいぞくえん》のバックヤード※にある、倉庫《そうこ》のような建物《たてもの》に入《はい》った。ずらっと並《なら》ぶ水《すい》そうをながめながら進《すす》み、オジサンという魚《さかな》が泳《およ》ぐ水《すい》そうの前《まえ》で立《た》ち止《ど》まる。

（魚《さかな》の体《からだ》を傷《きず》つけないように……）

健太郎《けんたろう》はビニール袋《ぶくろ》を水《すい》そうに入《い》れ、海水《かいすい》ごと魚《さかな》をすくった。外《そと》に出《で》て、駐車場《ちゅうしゃじょう》に停《と》めているトラック「うみくる号《ごう》」まで持《も》っていく。

うみくる号《ごう》は、特注《とくちゅう》でつくられたトラックで、大《おお》きな水《すい》そうを二《ふた》つ備《そな》えつけ

※従業員《じゅうぎょういん》しか入《はい》れない裏側《うらがわ》

ている。

ひとつの水《すい》そうにはサンゴ礁《しょう》に暮《く》らすカラフルな熱帯魚《ねったいぎょ》を入《い》れ、もうひとつの水《すい》そうにはマアジやマダイ、イセエビなど東京湾《とうきょうわん》に暮《く》らす生《い》きものを入《い》れる。

「よろしく」

健太郎《けんたろう》が差《さ》し出《だ》したビニール袋《ぶくろ》を、うみくる号《ごう》の上《うえ》にいるスタッフが受《う》け取《と》った。上《うえ》からそうっと、水《すい》そうに入《い》れていく。

健太郎《けんたろう》ら数人《すうにん》のスタッフはバックヤードの飼育用水《しいくようすい》そうと、うみくる号《ごう》を何度《なんど》も往復《おうふく》して、二《ふた》つの水《すい》そうに合《あ》わせて七十匹《ななじゅっぴき》ほどの魚《さかな》やエビを入《い》れた。

「あとは、明日《あした》まで様子《ようす》を見《み》てからだな」

様子《ようす》を見《み》るのは、魚《さかな》たちが新《あたら》しい水《すい》そうになれるのを待《ま》つためだ。

飼育用水《しいくようすい》そうでは仲《なか》よくしていた魚《さかな》たちでも、環境《かんきょう》が変《か》わったストレスでケンカをはじめることがある。ケンカしている魚《さかな》たちがいれば傷《きず》つけ合《あ》う前《まえ》に飼育用水《しいくようすい》そうにもどし、ほかの魚《さかな》に代《か》えるか、代《か》わりをたてないかを決《き》める。

もともと移動《いどう》などのストレスに強《つよ》いタイプの魚《さかな》を選《えら》んではいるが、実際《じっさい》やってみないと、わからないことが多《おお》い。

（さて、どうなるかな）

健太郎《けんたろう》は、水《すい》そうのなかを泳《およ》ぎまわる魚《さかな》たちをながめた。

◆　✳　◆　✳　◆　✳　◆

よく朝《あさ》、健太郎《けんたろう》たち六名《ろくめい》のスタッフは、ワゴン車《しゃ》の「いそくる号《ごう》」に生《い》きものを入《い》れた小《ちい》さな水《すい》そうや、※標本《ひょうほん》などをつんで、うみくる号《ごう》とともに出発《しゅっぱつ》した。

いよいよ、移動水族館《いどうすいぞくかん》がスタートするのだ。

※死《し》んだ生物《せいぶつ》を保存加工《ほぞんかこう》して作《つく》った見本《みほん》

移動水族館《いどうすいぞくかん》は、障《しょう》がいや病気《びょうき》のために葛西臨海水族園《かさいりんかいすいぞくえん》に来《く》ることができない人《ひと》がいる病《びょう》院《いん》や施設《しせつ》へ行《い》き、海《うみ》の生《い》きものを知《し》ってもらう活動《かつどう》だ。

(海《うみ》のおもしろさを、多《おお》くの人《ひと》に伝《つた》えたい！　でも、水族園内《すいぞくえんない》でやっているような、生《い》きものにふれたり、観察《かんさつ》したりする方法《ほうほう》で、うまくいくだろうか……)

開始半年間《かいしはんとしかん》は予行練習《よこうれんしゅう》の期間《きかん》。初回《しょかい》の今日《きょう》は、障《しょう》がいのある人《ひと》が暮《く》らす施設《しせつ》を訪問《ほうもん》する。

(とにかくやってみて、それから考《かんが》えていこう)

健太郎《けんたろう》は緊張《きんちょう》をほぐそうと、ふーっと大《おお》きく息《いき》をはいた。

「おはようございまーす。よろしくお願《ねが》いします」

到着後《とうちゃくご》、施設《しせつ》の人《ひと》にあいさつして、健太郎《けんたろう》たちは準備《じゅんび》にとりかかった。

まず、うみくる号《ごう》の両側《りょうがわ》にスロープを設置《せっち》する。身長《しんちょう》の高《たか》くない子《こ》どもたちや車《くるま》イスでも、水《すい》そうに近《ちか》づいて見《み》られるようにするためだ。

施設《しせつ》のエントランスには簡易《かんい》プールを広《ひろ》げてウニやヒトデ、ナマコを入《い》れ、磯《いそ》の生《い》きものとふれあうコーナーをつくった。
健太郎《けんたろう》はスタッフにうみくる号《ごう》と、ふれあいコーナーをまかせて、施設内《しせつない》に入《はい》った。

健太郎《けんたろう》は、病室《びょうしつ》からはなれられない人《ひと》に、海《うみ》の生《い》きものを見《み》せる係《かかり》を担当《たんとう》する。
「こちらの部屋《へや》からお願《ねが》いします」
施設《しせつ》の人《ひと》の案内《あんない》で、健太郎《けんたろう》は魚《さかな》を入《い》れたケースと、ナマコやヒトデを入《い》れた水《すい》そうをのせたワゴンを押《お》して病室《びょうしつ》に入《はい》った。
が、ベッドにいる人《ひと》を見《み》て、足《あし》が止《と》まった。
寝《ね》ている人《ひと》ののどから人工呼吸器《じんこうこきゅうき》の管《くだ》がのび、規則的《きそくてき》な機械音《きかいおん》が鳴《な》っている。自力《じりき》

で体《からだ》を動《うご》かすことはできないらしく、黒目《くろめ》だけを動《うご》かして、健太郎《けんたろう》のほうを見《み》た。
健太郎《けんたろう》は、ガツンと、頭《あたま》をなぐられた気《き》がした。
これまで、ベッドからはなれられないほど重《おも》い障《しょう》がいをもつ人《ひと》と会《あ》ったことがなかった。知識《ちしき》としては知《し》っていたが、実際《じっさい》に対面《たいめん》してみて、とまどった。
（ぼくは、なにもわかっていなかった。どうしよう。どう接《せっ》したらいいんだろう）
動《うご》けないでいる健太郎《けんたろう》に、施設《しせつ》の人《ひと》がほがらかに言《い》った。
「じゃあ、海《うみ》の生《い》きもののことを話《はな》してください」
（話《はな》してって、どう話《はな》せばいいんだ……）
健太郎《けんたろう》はおどおどしながら、寝《ね》ている人《ひと》が見《み》える位置《いち》に水《すい》そうを持《も》っていった。
「これは、ヒトデという生《い》きものです。ヒトデにも口《くち》やおしりの穴《あな》があって、からだの下側《したがわ》に、吸《きゅう》ばんの足《あし》があります。えさをさがして歩《ある》きまわるんですよ」
「さわらせてあげてください」
（えっ。生《い》きものをさわって、だいじょうぶなんだろうか？）

健太郎《けんたろう》は水《すい》そうからヒトデを取《と》り出《だ》すと、ベッドにいる人《ひと》の手《て》にゆっくり近《ちか》づけた。
(どこまでやっていいんだろう。おどろいて、具合《ぐあい》が悪《わる》くなったりしないかな……)
ハラハラしながら、ヒトデを相手《あいて》の手《て》の甲《こう》にそうっと、つける。
「ちょっと貸《か》してもらってもいいですか?」
施設《しせつ》の人《ひと》が健太郎《けんたろう》からヒトデを受《う》け取《と》り、寝《ね》ている人《ひと》の手《て》にぴとぴと押《お》しつけた。
「ほら、佐藤《さとう》さん、ヒトデですよー」
「そんなに押《お》しつけていいんですか?」
「だいじょうぶですよ。どんどんやってください」
健太郎《けんたろう》は施設《しせつ》の人《ひと》のまねをして、つぎにナマコを手《て》につけた。
「これは、ナマコです」
「あっ、佐藤《さとう》さん、表情《ひょうじょう》が変《か》わりましたね。いい表情《ひょうじょう》をされてますよー」
(どこが変《か》わったんだ? まったくわからないんだけど……)
すべてのプログラムを終《お》えたあと、健太郎《けんたろう》は施設《しせつ》の人《ひと》に聞《き》いた。

「今後《こんご》の参考《さんこう》に、どういった伝《つた》え方《かた》がいいのか、教《おし》えていただきたいんですが……」
施設《しせつ》の人《ひと》がふわっと、ほほえんだ。
「水族園《すいぞくえん》に来《く》る人《ひと》に話《はな》すのと同《おな》じようにすれば、いいんです。耳《みみ》は聞《き》こえているので、伝《つた》わります。それに、接《せっ》し方《かた》に決《き》まった方法《ほうほう》はないんです。ひとりひとり状態《じょうたい》がちがうので、わたしたちも様子《ようす》を見《み》て、対応《たいおう》を変《か》えています」
「ぼくたちのやり方《かた》でやって、だいじょうぶということでしょうか？」
「ダメなときは、わたしたち施設《しせつ》の者《もの》がとめますから、えんりょしないでください。生《い》きものにふれた人《ひと》はみな、いつもとはちがう表情《ひょうじょう》を見《み》せていました。こういうことが、刺激《しげき》になっていいんです」
健太郎《けんたろう》は理解《りかい》しきれないまま、「はあ」と返事《へんじ》をした。
（刺激《しげき》って、なんだ？　なにか変《か》わったものにふれるのが刺激《しげき》になるのなら、生《い》きものでなくてもいいんじゃないのか？）

その後《あと》も、健太郎《けんたろう》たちは協力《きょうりょく》してくれる障《しょう》がい者施設《しゃしせつ》や病院《びょういん》で予行練習《よこうれんしゅう》を行《おこな》い、スタッフで課題《かだい》を話《はな》し合《あ》った。

「スロープの坂《さか》がきつくて、車《くるま》イスで上《あ》がるのが大変《たいへん》でした。また、車《くるま》イスであがると、目線《めせん》が高《たか》くなりすぎて、水《すい》そうの下《した》のほうにいる生《い》きものは見《み》にくいようです」

「ベッドサイドで説明《せつめい》するとき用《よう》に、水《みず》のもれない水《すい》そうがほしいです」

「弱視《じゃくし》の人《ひと》や小《ちい》さいお子《こ》さんは、小《ちい》さな生《い》きものを目《め》で追《お》うのがむずかしいようです。注意《ちゅうい》を引《ひ》くため、魚《さかな》のペーパーパペットをつくってみるのはどうでしょう？」

「病気《びょうき》のため、生《い》きものにさわれない人《ひと》もいるので、さわって生《い》きものの体《からだ》のつくりがわかるような、ぬいぐるみをつくるといいと思《おも》います」

スタッフでアイデアを出《だ》し合《あ》い、スロープの台《だい》を低《ひく》くしたり、密閉型《みっぺいがた》の水《すい》そうを特注《とくちゅう》したり、いろいろな小物《こもの》をつくったりして工夫《くふう》を重《かさ》ねていった。

けれども、人間《にんげん》にとって都合《つごう》よくすると、生《い》きものにとってはよくないこともある。ちょうどいいところに調整《ちょうせい》するのが、むずかしい。

また、移動水族館《いどうすいぞくかん》に向《む》かない魚《さかな》もいるとわかってきた。

生《い》きものはトラックの水《すい》そうでは長《なが》く飼育《しいく》できないので、移動水族館《いどうすいぞくかん》を終《お》えるたびに、バックヤードの水《すい》そうにもどして休《やす》ませる。

あるとき、健太郎《けんたろう》がうみくる号《ごう》の水《すい》そうから魚《さかな》をすくいあげていると、

「あれ？　キンギョハナダイはどこだ？」

さがしまわって見《み》つけたのは、作《つく》り物《もの》の岩《いわ》の中《なか》だった。

「キンギョハナダイはおどろくと、かくれる習性《しゅうせい》があるからなあ」

だが、かくれた場所《ばしょ》がわるかった。作《つく》り物《もの》の岩《いわ》は中《なか》が空洞《くうどう》で、でこぼこしている。そのすき間《ま》に、入《はい》りこんでしまったのだ。無理《むり》に取《と》り出《だ》すと体《からだ》に傷《きず》がついてしまう。安全《あんぜん》に管理《かんり》できない魚《さかな》を展示《てんじ》することはできない。

「まいったなあ。キンギョハナダイは、もう連《つ》れていけないないな」

だいじょうぶだろうと思《おも》っても、実際《じっさい》にやってみると、うまくいかないことばかり。

◆ ・ ◆

健太郎《けんたろう》は問題《もんだい》にぶつかるたびに、頭《あたま》をかかえた。

そんななか、園内《えんない》の展示《てんじ》より移動水族館《いどうすいぞくかん》に向《む》く魚《さかな》がいることがわかった。

黒《くろ》と白《しろ》のたてじま模様《もよう》が目立《めだ》つツノダシは、エサをゆっくり食《た》べる習性《しゅうせい》をもつ。いろいろな魚《さかな》たちがいっしょに暮《く》らす園内《えんない》の展示水《てんじすい》そうでは、エサを食《た》べそびれてやせていき、なかには死《し》ぬこともあったため、飼育《しいく》がむずかしかった。

しかし、バックヤードではひとつの水《すい》そうをツノダシだけに、もしくは、ゆっくりエサを食《た》べるタイプの魚《さかな》だけにして飼《か》えるので、元気《げんき》に育《そだ》てることができた。

アニメ映画《えいが》に登場《とうじょう》したツノダシは、移動《いどう》水族館《すいぞくかん》で子《こ》どもに大人気《だいにんき》だった。

ツノダシの元気《げんき》なすがたに、園内《えんない》の飼育《しいく》担当者《たんとうしゃ》は笑《わら》って、くやしがるふりをした。

「園内《えんない》の展示水《てんじすい》そうでも飼育《しいく》できたらなあ」

「ま、おれたちにまかせてよ」

健太郎《けんたろう》も笑《わら》って返《かえ》した。

（人《ひと》との接《せっ》し方《かた》、生《い》きものの見《み》せ方《かた》、生《い》きものを元気《げんき》に飼育《しいく》する方法《ほうほう》……。悩《なや》みはつきないけど、新《あたら》しい発見《はっけん》がある。うまくいかなかったとしても、やる価値《かち》はある！）

そうして走《はし》りつづけて、移動水族館《いどうすいぞくかん》のやり方《かた》がととのってきたころ、健太郎《けんたろう》は自分《じぶん》の課題《かだい》に取《と》り組《く》むことにした。

障《しょう》がいのある人《ひと》との接《せっ》し方《かた》を学《まな》びたい――。

学《まな》べる場所《ばしょ》を探《さが》して見《み》つけたのが、「サービス介助士《かいじょし》」だった。サービス介助士《かいじょし》は、高齢者《こうれいしゃ》や障《しょう》がいのある人《ひと》への「おもてなしの心《こころ》」と「安全《あんぜん》な介助《かいじょ》技術《ぎじゅつ》」を学《まな》んで得《え》られる資格《しかく》だ。健太郎《けんたろう》はテキストで学《まな》んだあと、実技教習《じつぎきょうしゅう》を受《う》けた。

実技《じつぎ》のなかで、講師《こうし》が言《い》った。

「相手《あいて》がやっていることを、うばうのはよくありません。たとえば、弱視《じゃくし》の人《ひと》が白《しろ》い杖《つえ》をつきながらかべに向《む》かっていくのを見《み》ると、あぶないって止《と》めたくなるでしょう。でも、かべに向《む》かう行動《こうどう》は、頭《あたま》の中《なか》で地図《ちず》をつくっている最中《さいちゅう》なんです」

健太郎《けんたろう》は、はっとした。

むかし、右手《みぎて》が少《すこ》しだけ不自由《ふじゆう》だった友《とも》だちに言《い》われたことを、思《おも》い出《だ》したのだ。

「いろいろ手伝《てつだ》ってもらえるのは、すごくありがたい。でも、ときどき思《おも》っちゃうんだよ。自分《じぶん》は手伝《てつだ》ってもらわないと、生《い》きていけない人間《にんげん》なんだなって。手伝《てつだ》ってほしいときは言《い》うから、それまでは手《て》を出《だ》さないでほしい」

（きけんでなければ、そっと見守《みまも》る。こちらが構《かま》えすぎないほうが、いいのかもしれないな……）

しばらくして、重《おも》い障《しょう》がいのある人《ひと》が暮《く》らす施設《しせつ》で移動水族館《いどうすいぞくかん》を行《おこな》うことになった。

「ウニを手《て》にのせますよー」

健太郎《けんたろう》が寝《ね》ている人《ひと》の手《て》にウニをつけると、相手《あいて》のほおがピクッと、かすかに動《うご》いた。

（あっ、そうか。表情《ひょうじょう》が変《か》わるっていうのは、こういうことか）

ほかの病室《びょうしつ》もまわるうち、人《ひと》それぞれに反応《はんのう》がちがうこともわかってきた。

生《い》きものにふれて、指《ゆび》がぴくぴく動《うご》く人《ひと》がいれば、心臓《しんぞう》の動《うご》きを読《よ》み取《と》る心電図《しんでんず》の心《しん》拍数《ぱくすう》が変《か》わる人《ひと》もいる。

ウニ、ヒトデ、ナマコでも、それぞれちがう反応《はんのう》がある。

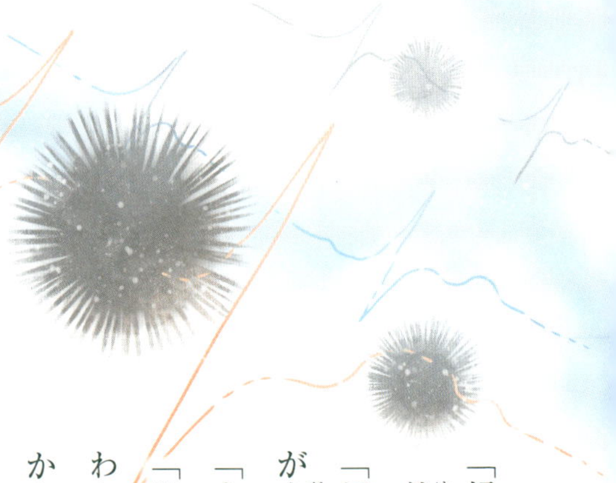

「好《す》きとか嫌《きら》いとか、反応《はんのう》からわかるものですか？」
健太郎《けんたろう》がたずねると、施設《しせつ》の人《ひと》は首《くび》をふった。
「好《す》きか嫌《きら》いかはわかりませんが、反応《はんのう》があるというのが大事《だいじ》なんです」
「もし、嫌《いや》がっていたら、どうするんですか？」
「嫌《いや》というマイナスの反応《はんのう》も、人間《にんげん》には大切《たいせつ》なんです。わたしたちが転《ころ》んだり、ぶつかったりするのは、どちらかというとマイナスの刺激《しげき》ですけど、そういう刺激《しげき》もないと、成長《せいちょう》しないでしょう？」
健太郎《けんたろう》は、目《め》の前《まえ》がぱあっと開《ひら》けたように感《かん》じた。
（そうか。刺激《しげき》っていうのは、成長《せいちょう》するために必要《ひつよう》なものなんだ！）

生《い》きものにふれる意義《いぎ》は、それから何度《なんど》も感《かん》じた。

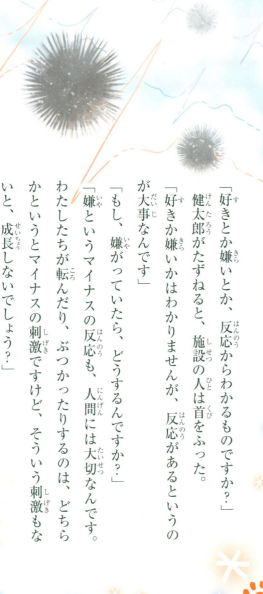

ある子《こ》の手《て》にウニを近《ちか》づけたとき、その子《こ》がさっと手《て》をひっこめたのを見《み》て、施設《しせつ》の人《ひと》がおどろいた。

「まあ、太郎《たろう》くん、目《め》が見《み》えていたのね。ずっと見《み》えないと思《おも》っていたのに！」

その子《こ》は、自分《じぶん》の気持《きも》ちを言葉《ことば》で表《あらわ》せず、ものに興味《きょうみ》をもつ様子《ようす》もなかったので、見《み》えないと思《おも》われていたのだ。

また、なんでも持《も》ったものを投《な》げてしまう子《こ》に、

「これは生《い》きものだから、そうっとさわってあげてね」

とわたすと、手《て》につつむようにしてなでてから、そっと返《かえ》してくれたこともあった。

そんな場面《ばめん》に出会《であ》うたび、健太郎《けんたろう》は胸《むね》を熱《あつ》くした。

（生《い》きものの力《ちから》って、すごい！）

海《うみ》の生《い》きものは、陸上《りくじょう》の生《い》きものとはちがう体《からだ》のしくみをもっていて、想像《そうぞう》もできない生《い》き方《かた》をしていたりする。その体《からだ》にふれることで、理屈《りくつ》ではなく、肌《はだ》で生命《せいめい》のすごさを感《かん》じるのかもしれない。

移動水族館《いどうすいぞくかん》をはじめて三年目《さんねんめ》。いまだ完成形《かんせいけい》にはなっていないが、やればやるほど、
もっといいものにしたいと、健太郎《けんたろう》は思《おも》う。
もっと広《ひろ》く海《うみ》をとどけたい。
移動水族館《いどうすいぞくかん》の可能性《かのうせい》は、
まだまだ未知数《みちすう》だ！
移動水族館
TOKYO SEA LIFE PARK

第《だい》25話《わ》

ある子《こ》ネコと保健所職員《ほけんじょしょくいん》のお話《はなし》

彩《あや》は今《いま》でも夢《ゆめ》を見《み》る。あの日《ひ》の少女《しょうじょ》の悲《かな》しそうな姿《すがた》を…。

わたし…
もともとは保健所《ほけんじょ》で働《はたら》いていたの
最初《さいしょ》は捨《す》てられたどうぶつたちをなんとかしたいとがむしゃらだった
保護《ほご》したのに殺《ころ》すなんてイヤです！
──けど…
また殺処分《さつしょぶん》が決《き》まった…

ごめんね… あなたは何《なに》も悪《わる》くないのに…
命《いのち》を無責任《むせきにん》に捨《す》てる人《ひと》が山《やま》ほどいる
でも引《ひ》き取《と》り手《て》はほんのわずか…
横山《よこやま》さーん
はい
捨《す》てネコの保護《ほご》に行《い》くので来《き》てください
また捨《す》てネコ…

こんなに弱《よわ》っていたらもう…
あの子《こ》…
捨《す》てネコを想《おも》って泣《な》いているの…？
身勝手《みがって》な大人《おとな》のせいで
あの子《こ》もこの子《こ》ネコも傷《きず》ついている…

その子《こ》の表情《ひょうじょう》が忘《わす》れられなくて今《いま》も夢《ゆめ》に見《み》るの
命《いのち》が捨《す》てられること処分《しょぶん》されることに慣《な》れていた自分《じぶん》に気《き》づけたから…
わたしは…
ひとつでも多《おお》くの命《いのち》を助《たす》けたかった…
それで里親《さとおや》を探《さが》す活動《かつどう》を始《はじ》めたのよ
あの…
それって何年《なんねん》くらい前《まえ》の話《はなし》ですか…？

7年前《ねんまえ》3丁目《ちょうめ》の東大通《ひがしおおどお》りの路地《ろじ》で…
そっ…
それわたしです!
えっ…!?
ほんと…?信《しん》じられないこんな偶然《ぐうぜん》ってあるの!?
わたし…助《たす》けられなかったあの子《こ》ネコが忘《わす》れられなくて…

だから今回《こんかい》は絶対《ぜったい》助《たす》けようって…
あのときの子《こ》ネコなら…
うちのネコです！
いまも元気《げんき》にしているわ
…!!

本当《ほんとう》ですか…？
いままでずっと
殺処分《さつしょぶん》されてしまったのかなと…
…よかった
琴花《ことか》ちゃん
ありがとう
あなたのおかげで
たくさんの命《いのち》の
橋渡《はしわた》しができたわ

そして今日《きょう》も
こうして里親《さとおや》に
なるために
来《き》てくれた…
彩《あや》さーん
ピンポーン
あら
?
あなたが
あのときの女《おんな》の子《こ》と
いうことは…
もうひとつ
おどろくことが
あるわよ

お久《ひさ》しぶりです
雄大《ゆうだい》くん リック いらっしゃい
点《てん》と点《てん》が線《せん》になる――
「偶然《ぐうぜん》」という言葉《ことば》で片《かた》づけることなんてできない
今日《きょう》ここでわたしたちが出会《であ》うのはずっと前《まえ》から決《き》まっていたのかもしれない――

青空純《あおぞらじゅん》物語《ものがたり》

……大学
青空 純

第《だい》26話《わ》 わたしの進《すす》む道《みち》

目標《もくひょう》に向《む》かって進《すす》んでいる立花先生《たちばなせんせい》と壮太《そうた》を見《み》た純《じゅん》は
あらためて自分《じぶん》の将来《しょうらい》を考《かんが》えていた——。

大学《だいがく》
ドッグトレーニング実習授業《じっしゅうじゅぎょう》
きゃ～かわいい～～っ
ザワ
スタンダードプードルがいる～～♡
ザワ
もふもふ～～♡
今日《きょう》は近隣《きんりん》の飼《か》い主《ぬし》さんからおあずかりしたワンちゃんをトレーニングします
犬種《けんしゅ》も性格《せいかく》もできることもさまざまです
はい!!
シュタ!
ドッグトレーニング教則本
ビクッ
純《じゅん》ますます燃《も》えてるね
だね
じゃあまずは前列《ぜんれつ》の5人《にん》ワンちゃんとペアになってー
み先生
はーい♡
いくよーみんな!
ちょっとお純《じゅん》につられて並《なら》んでたら…
さいしょだよ…

どうする？
どのコに
する…？
ハッ
ハッ
わたし
チワワが
いいなあ
彩香《あやか》は
チワワ飼《か》って
たもんね
じゃあ
わたしは――…
ハッ
…あ
うぅ～…
あ
あのコは
ムリかなっ
わたしも
ちょっと…
バッ
じゃあわたし
このコと組《く》むね
よろしくね♡
やっぱ純《じゅん》
すごい
平気
だよ…
無邪気《むじゃき》
なコ…

そしてペアになった犬《いぬ》の特徴《とくちょう》をつかむために一周《いっしゅう》歩《ある》いてみることに
うわあ
ミキのペア犬《けん》はとつぜん走《はし》り出《だ》し
ちょっとっ
彩香《あやか》のペア犬《けん》は抱《だ》っこをせがみ…
だめよ〜 歩《ある》くの〜 歩《ある》いてえ〜
あははは
ぴょーん
ぴょーん
そしてわたしのペア犬《けん》は——
うなったまま動《うご》かないなあ
どうしよう
においもかいでくれないかあ〜…
ヴ〜
ヴ〜
まずは安心《あんしん》してもらいたい
名前《なまえ》は…
雑種 まる
まる
ピクッ
目《め》が合《あ》った！
アイコンタクトをたもちながらリードの長《なが》さを正確《せいかく》に持《も》って
キュッ
よし
歩《ある》こう
お利口《りこう》ね まる
まる

わあっ…
見《み》て!
あのコずっとうなってたのに
となりについて歩《ある》いてる…!
純《じゅん》すごいっ
マジシャン!?
―違《ちが》う
わたしはこのコを信《しん》じてこのコもわたしを信《しん》じてくれた
ただそれだけ
スワレ!
どうぶつと心《こころ》がかよう瞬間《しゅんかん》は最高《さいこう》にうれしい!

信《しん》じたくないけれど、
かむ、鳴《な》く、トイレを覚《おぼ》えない……
人間《にんげん》の勝手《かって》な都合《つごう》で
捨《す》てられ、命《いのち》をうばわれていく
どうぶつがたくさんいる

どうぶつにはどうぶつの、
個性《こせい》があって、ルールがある

いっしょに生《い》きていこうとするなら、
一方的《いっぽうてき》にどちらかのルールを
押《お》しつけることなんてできないよね

人間《にんげん》とどうぶつが楽《たの》しく暮《く》らせるように、
私《わたし》にできる努力《どりょく》があるとすれば、
それってすごく幸《しあわ》せだ！
よーし！
仲《なか》よしの輪《わ》を広《ひろ》げるよー!!
「わたしは青《あお》空《ぞら》純《じゅん》。
よろしくね！」
LOVE

カバーイラスト	保志あかり（女の子と犬）　鷲尾美枝（鳥）
カバーデザイン	棟保雅子
青空純物語	みやうち沙矢
マンガ	片ノ瀬結々　楠しめこ　酒井だんごむし　スギ 高咲あゆ　保志あかり　ほづみりや　もりちか 鷲尾美枝
挿絵	片ノ瀬結々　酒井だんごむし　スギ　みやうち沙矢
小説・マンガシナリオ	ささきあり（第4、7、10、12、14、24話）
デザイン・DTP	棟保雅子　佐藤明日香（株式会社スタジオダンク）
写真提供	Getty Images
監修協力	公益財団法人日本盲導犬協会（第4話） 小原 玲（第10話） マリンワールド海の中道（第12話、P212） 広瀬 学（第14話） 東京都葛西臨海水族園（第24話）
編集協力	廣田奈那

★「ミラクルラブリー♡どうぶつ写真館」に登場してくれたどうぶつたち

アキ、アルマ、カズナちゃん、キノ、くるん、ジン、すもも、ゼニ、ダイヤモンド、た～坊、デッちゃん、ナッツ、ピノ、風、ベリー、ポッポ、ポルコ、マカロン、マリーヌ、まろん、ミーミ、ミール、むぎ、モコ、りん、レト、ろわ

ミラクルラブリー♡

感動《かんどう》のどうぶつ物語《ものがたり》 希望《きぼう》の光《ひかり》

2018年5月10日発行　第1版
2018年6月20日発行　第1版　第2刷

編著者　青空 純［あおぞら じゅん］

発行者　若松和紀
発行所　株式会社 西東社
〒113-0034　東京都文京区湯島2-3-13
http://www.seitosha.co.jp/
営業　03-5800-3120
編集　03-5800-3121〔お問い合わせ用〕
※本書に記載のない内容のご質問や著者等の連絡先につきましては、お答えできかねます。

ISBN 978-4-7916-2682-3